# Mündliches Abitur
Prüfungsaufgaben mit Lösungen

Gymnasium Baden-Württemberg
# Mathematik BF

© 2020 Stark Verlag GmbH
1. Auflage
www.stark-verlag.de

Das Werk und alle seine Bestandteile sind urheberrechtlich geschützt. Jede vollständige oder teilweise Vervielfältigung, Verbreitung und Veröffentlichung bedarf der ausdrücklichen Genehmigung des Verlages. Dies gilt insbesondere für Vervielfältigungen, Mikroverfilmungen sowie die Speicherung und Verarbeitung in elektronischen Systemen.

# Inhaltsverzeichnis

## Hinweise und Tipps zur mündlichen Abiturprüfung im Basisfach

| | |
|---|---|
| Das Abitur im Basisfach ab 2021 | I |
| Inhaltliche Anforderungen für die mündliche Abiturprüfung | I |
| Struktur der mündlichen Abiturprüfung | II |
| Operatoren | III |
| Bewertung der mündlichen Abiturprüfung | IV |
| Der Aufbau des Buches | IV |
| Anregungen zur Arbeit mit diesem Buch | V |
| Weitere Tipps zur mündlichen Prüfung | VII |

## Übungsaufgaben zu den Grundfertigkeiten

Was erwartet Sie in diesem Abschnitt? ............................... 2

**Analysis**

Beispielaufgaben Analysis ............................................. 3
    Ableitungsregeln
    Stammfunktion bestimmen
    Stammfunktion mit Zusatzbedingung
    Nachweis der Stammfunktion
    Integralrechnung
    Nachweis von Monotonie
    Aus dem Graphen von f' auf den Graphen von f schließen
    Aus dem Graphen von f auf den Graphen von F schließen
    Tangente in einem Punkt des Graphen
    Von der momentanen Änderungsrate zum Bestand
    Aussagen über ganzrationale Funktionen bewerten

Übungsaufgaben Analysis ............................................. 9

Lösungsvorschlag zu den Übungsaufgaben Analysis ................ 12

## Geometrie

Beispielaufgaben Geometrie .................................... 18
    Gerade durch zwei Punkte
    Punktprobe bei einer Geraden
    Parallelität von Geraden
    Schnittpunkt zweier Geraden
    Parametergleichung einer Ebene durch drei Punkte
    Von der Parametergleichung einer Ebene zur Koordinatengleichung
    Gegenseitige Lage von Gerade und Ebene
    Abstand Punkt–Ebene
    Besondere Lage von Ebenen erkennen

Übungsaufgaben Geometrie ...................................... 24

Lösungsvorschlag zu den Übungsaufgaben Geometrie ................... 26

## Stochastik

Beispielaufgaben Stochastik .................................... 29
    Erwartungswert
    Binomialverteilung ohne Taschenrechner, Formel von Bernoulli
    Binomialverteilung mit Taschenrechner
    Normalverteilung ohne Taschenrechner
    Normalverteilung mit Taschenrechner

Übungsaufgaben Stochastik ..................................... 34

Lösungsvorschlag zu den Übungsaufgaben Stochastik .................. 36

## Erster Prüfungsteil (Vortrag)

Was erwartet Sie in diesem Abschnitt? ............................. 40

### Analysis

Musteraufgabe 1 (mit Taschenrechner, mit Merkhilfe) .................. 41
    momentane Änderungsrate, Bestand und Integral, Exponentialfunktion, Nachweis von Monotonie, ganzrationale Funktion, Nullstelle, Funktionsterm ermitteln

Musteraufgabe 2 (mit Taschenrechner, ohne Merkhilfe) ................ 46
    Sinusfunktion, Ableitung, Produktregel, Kettenregel, Exponentialfunktion, Exponentialgleichung, Monotonie, Grenzwert, Parabel, quadratische Gleichung

Musteraufgabe 3 (ohne Taschenrechner, ohne Merkhilfe) ............... 50
    Sinusfunktion, Kosinusfunktion, Stammfunktion, Ableitungsregeln, Ermittlung der Grenzen eines Integrals, Erkennen und Zuordnen der Graphen von: Funktion, Stammfunktion und Ableitungsfunktion

Musteraufgabe 4 (ohne Taschenrechner, ohne Merkhilfe) .............. 54
allgemeine Sinusfunktion und ihre Eigenschaften, Flächeninhalt und Integral, Funktionsterm ermitteln, trigonometrische Gleichung

Musteraufgabe 5 (mit Taschenrechner, ohne Merkhilfe) ............... 59
momentane Änderungsrate, Exponentialfunktion, Stammfunktion, Bestand und Integral, ganzrationale Funktion, Wendepunkt

Musteraufgabe 6 (ohne Taschenrechner, ohne Merkhilfe) .............. 63
Exponentialfunktion, Ableitung, Kettenregel, Stammfunktion, momentane Änderungsrate, Bestand und Integral, ganzrationale Funktion, Nullstelle

Musteraufgabe 7 (mit Taschenrechner, ohne Merkhilfe) ............... 67
Geschwindigkeit und Strecke, Stammfunktion, Exponentialfunktion, Exponentialgleichung, Bestand und Integral

Musteraufgabe 8 (ohne Taschenrechner, ohne Merkhilfe) .............. 70
Geschwindigkeit und Strecke, Wendepunkt, Tangente, Exponentialfunktion, lineare Funktion, Berührpunkt

**Geometrie**

Musteraufgabe 9 (mit Taschenrechner, mit Merkhilfe) ................. 74
Quadrat, Pyramide, Volumen, Koordinatengleichung einer Ebene, Punktprobe, Abstand Punkt–Ebene, Schnittwinkel Gerade–Ebene

Musteraufgabe 10 (ohne Taschenrechner, ohne Merkhilfe) ............. 78
Würfel, gleichseitiges Dreieck, gleichschenkliges Dreieck, regelmäßiges Sechseck, Schnittfiguren, Geradengleichung, Punktprobe, rechtwinkliges Dreieck, Skalarprodukt

Musteraufgabe 11 (ohne Taschenrechner, ohne Merkhilfe) ............. 81
Gerade, Ebene, Parallelität, Abstand Punkt–Ebene, gleichschenkliges Dreieck, rechtwinkliges Dreieck, Quadrat

Musteraufgabe 12 (mit Taschenrechner, ohne Merkhilfe) .............. 85
Quader, Ebene, Parallelität, Mittelpunkt, rechtwinkliges Dreieck, Innenwinkel im Dreieck, Pyramide, Volumen

## Stochastik

Musteraufgabe 13 (mit Taschenrechner, ohne Merkhilfe) .............. 89
normalverteilte Zufallsgröße, Glockenkurve, Erwartungswert, Standardabweichung, Wahrscheinlichkeit bei Normalverteilung

Musteraufgabe 14 (mit Taschenrechner, mit Merkhilfe) ................ 92
Baumdiagramm, Pfadregeln, binomialverteilte Zufallsgröße, Wahrscheinlichkeit bei Binomialverteilung, Histogramme, Erwartungswert, Standardabweichung

Musteraufgabe 15 (mit Taschenrechner, ohne Merkhilfe) .............. 95
Pfadregeln, Glücksspiel, Erwartungswert, binomialverteilte Zufallsgröße, Normalverteilung, Standardabweichung

Musteraufgabe 16 (mit Taschenrechner, ohne Merkhilfe) .............. 100
Baumdiagramm, Pfadregeln, Binomialverteilung

## Zweiter Prüfungsteil (Prüfungsgespräch)

Was erwartet Sie in diesem Abschnitt? ............................. 104

### Analysis

| | | |
|---|---|---|
| Musteraufgabe 1 | Geschwindigkeit, zurückgelegte Strecke, ............. momentane Änderungsrate, Bestand und Integral | 105 |
| Musteraufgabe 2 | Parabel, Ableitung, Steigung, Integral, ................ Flächeninhalt, Volumen, Quadrat | 109 |
| Musteraufgabe 3 | Kosinusfunktion, Wendepunkt, Amplitude, ............ Periode, Spiegelung, Streckung, Verschiebung, Hochpunkt | 113 |
| Musteraufgabe 4 | Ableitung, Stammfunktion, .......................... Zusammenhang zwischen F, f und f', Flächenberechnung, Verschiebung und Spiegelung von Graphen | 116 |
| Musteraufgabe 5 | Geschwindigkeit, zurückgelegte Strecke, ............. Stammfunktion, Monotonie, Grenzverhalten, Integral | 119 |
| Musteraufgabe 6 | Exponentialfunktion, ganzrationale Funktion, .......... Sinusfunktion, Ableitung, Stammfunktion, Nullstelle | 123 |
| Musteraufgabe 7 | Parabel, Stammfunktion, Nullstelle, Hochpunkt, ........ Tangente, Flächenberechnung, Integral | 126 |
| Musteraufgabe 8 | ganzrationale Funktion, Nullstelle, Extrempunkt, ........ Wendepunkt, Zusammenhang zwischen F, f und f', Flächenberechnung, Integral | 130 |

### Geometrie

Musteraufgabe 9   Gerade, Punktprobe, Koordinatenebene, ............... 133
rechtwinkliges Dreieck, Rechteck, geometrischer Ort

Musteraufgabe 10 Pyramide, Volumen, gleichschenkliges Dreieck, ........ 136
Gerade, Ebene, Schnittwinkel zwischen Gerade und Ebene

Musteraufgabe 11 Würfel, Ebene, Punktprobe, Schnittwinkel zwischen ..... 139
zwei Ebenen, gleichseitiges Dreieck, Pyramide, Volumen

Musteraufgabe 12 Gerade, Ebene, Punktprobe, Spurpunkt, ............... 142
Lagebeziehungen im Raum, Spiegelung

### Stochastik

Musteraufgabe 13 Binomialverteilung, Histogramm, Erwartungswert, ...... 145
Standardabweichung, Formel von Bernoulli

Musteraufgabe 14 Baumdiagramm, Pfadregeln, Erwartungswert, ........... 148
faires Spiel, Binomialverteilung, Histogramm,
Standardabweichung

Musteraufgabe 15 Wahrscheinlichkeitsverteilung, Erwartungswert, ........ 152
faires Spiel, Formel von Bernoulli, Binomialverteilung,
Standardabweichung

Musteraufgabe 16 Normalverteilung, Glockenkurve, Wahrscheinlichkeit .... 156
bei Normalverteilung, Binomialverteilung, Histogramm,
Erwartungswert, Standardabweichung

### Autoren und Autorin
Attila Furdek, Matthias Benkeser, Diana Dragmann

# HINWEISE UND TIPPS

# Hinweise und Tipps zur mündlichen Abiturprüfung im Basisfach

## Das Abitur im Basisfach ab 2021

Ab dem Abitur 2021 müssen Sie neben den schriftlichen Prüfungen in Ihren drei Leistungsfächern zwei mündliche Abiturprüfungen in den gewählten Basisfächern ablegen. Mathematik ist dabei als Prüfungsfach für alle Abiturientinnen und Abiturienten verpflichtend. Die mündliche Abiturprüfung im Basisfach Mathematik erstreckt sich über die Gebiete Analysis, Analytische Geometrie und Stochastik.

Die Struktur der Prüfung, die Anforderungen und der Prüfungsablauf werden unten genauer erklärt.

## Inhaltliche Anforderungen für die mündliche Abiturprüfung

Der Prüfung liegen die im Bildungsplan 2018 zum Basisfach ausgewiesenen Inhalte zugrunde. Dabei gilt, dass die folgenden Themen **nicht** Gegenstand der mündlichen Abiturprüfung im Basisfach sind:

- nichtlineare Verkettungen bei der Kettenregel
  *Beispiel:* $f(x) = \sin(x^2)$ kann nicht vorkommen, aber $f(x) = \sin(2x - 1)$ schon.
- Stammfunktion zu $f(x) = \frac{1}{x}$
- Quotienten von Funktionen, gebrochenrationale Funktionen
- senkrechte Asymptoten
- Mittelwert (mit Integral)
- Rotationsvolumen (mit Integral)
- unbegrenzte (ins Unendliche reichende) Flächen
- Funktionenscharen
- Extremwertbestimmung mit Nebenbedingungen
- Normalengleichung einer Ebene
- Ebenenscharen, Geradenscharen
- Abstand Punkt – Gerade

- HNF-Methode bei Abstand Punkt – Ebene
  *Beachte:* Der Abstand Punkt – Ebene kann zwar Gegenstand einer mündlichen Prüfung sein, man muss aber mit der Lotgeraden arbeiten.
- Spiegelung Punkt – Gerade
- Schnittgerade
- Lösungsmenge von Gleichungssystemen mit unendlich vielen Lösungen
- Bewegungsaufgaben (sogenannte „Flugzeugaufgaben")
- Hypothesentests
- Umkehraufgaben zur Binomialverteilung

## Struktur der mündlichen Abiturprüfung

Jede mündliche Prüfung besteht aus zwei Prüfungsteilen:
**Teil 1** ist ein etwa 10-minütiger **Vortrag** und
**Teil 2** ist ein etwa 10-minütiges **Prüfungsgespräch**.
Details zu den beiden Prüfungsteilen werden unten beschrieben.

Die Prüfung erstreckt sich im Basisfach Mathematik auf **zwei der drei Themengebiete** Analysis, Analytische Geometrie und Stochastik, wobei Analysis stets vorkommen muss. Daher sind genau folgende Kombinationen möglich:
- Teil 1 ist Analysis    und   Teil 2 ist Geometrie
- Teil 1 ist Geometrie   und   Teil 2 ist Analysis
- Teil 1 ist Analysis    und   Teil 2 ist Stochastik
- Teil 1 ist Stochastik  und   Teil 2 ist Analysis

> **TIPP** Geometrie in Teil 1 und Stochastik in Teil 2 bzw. Stochastik in Teil 1 und Geometrie in Teil 2 sind *nicht möglich*, da Analysis nicht vorkommt. Analysis in Teil 1 und Teil 2 ist ebenfalls *nicht möglich*, weil hier nur ein Gebiet vorkommt.

### Teil 1 der Prüfung

Zu Beginn der Prüfung erhalten Sie ein Aufgabenblatt mit mehreren Teilaufgaben. Möglich sind sowohl Aufgaben mit Hilfsmitteln (Taschenrechner, Merkhilfe) als auch Aufgaben ohne Hilfsmittel. Dies erfahren Sie erst auf dem Aufgabenblatt. Sie wissen also vor der Prüfung noch nicht, ob Sie Hilfsmittel verwenden dürfen.
Für die Bearbeitung der Aufgaben haben Sie 20 Minuten Vorbereitungszeit. Anschließend müssen Sie Ihre Antworten und Lösungen in einem 10-minütigen Vortrag präsentieren. Sie haben dabei die Möglichkeit, Aufzeichnungen aus der Vorbereitung zu visualisieren. Ein zeitraubendes Aufschreiben vorbereiteter Teile an der Tafel ist nicht vorgesehen. Während des Vortrags sind keine Hilfsmittel zugelassen – selbst dann nicht, wenn diese in der Vorbereitungszeit zur Verfügung standen.
Beim Vortragen sollten Sie in der Regel nicht unterbrochen werden. Umfasst Ihr Vortrag weniger als zehn Minuten, wird während der verbleibenden Minuten geschwiegen.

Wenn Sie also nach vier Minuten fertig sind, folgen weitere sechs Minuten, in denen niemand etwas sagt. Was unter Umständen möglich wäre, sind lediglich kurze Verständnisfragen zum Gesagten nach Ablauf der ersten zehn Minuten.

**Teil 2 der Prüfung**

Direkt im Anschluss an Teil 1 beginnt Teil 2 der Prüfung; dieser dauert ebenfalls 10 Minuten. Sie erhalten zunächst einen sogenannten Impuls, z. B. einen Graphen, eine Abbildung, das Netz eines Würfels. Anschließend folgen Arbeitsaufträge und Fragen, die Ihnen nach und nach mündlich mitgeteilt werden. Teil 2 ist ein Prüfungsgespräch zwischen Prüfling und Prüfer*in. Den Verlauf dieser Teilprüfung kann man daher im Vorfeld nicht genau vorhersehen. Während Teil 2 der Prüfung sind grundsätzlich keine Hilfsmittel zugelassen.

## Operatoren

In den für den 1. Prüfungsteil vorgelegten Aufgabenstellungen, aber auch bei den Fragestellungen im 2. Prüfungsteil findet man bestimmte Schlüsselwörter, sogenannte Operatoren, wie zum Beispiel *angeben, ermitteln, untersuchen,* die den jeweiligen Arbeitsauftrag präzisieren. Obwohl diese Wörter aus dem Alltag bekannt sind, ist es trotzdem erforderlich, zu wissen, was sie im mathematischen Kontext genau bedeuten. Um eine Fragestellung bzw. eine Aufgabe richtig zu verstehen, muss man wissen, was bei einer bestimmten Formulierung von einem erwartet wird.

Dazu dient der folgende tabellarische Überblick:

| Operatoren | Erklärungen und Hinweise |
|---|---|
| angeben<br>nennen | Es wird weder ein Ansatz noch eine Begründung erwartet.<br>Eine korrekte Angabe der Antwort reicht aus. |
| beschreiben | Es wird keine Begründung erwartet. Die Beschreibung erfolgt häufig anhand eines anschaulichen Hintergrundes. |
| beurteilen<br>begründen<br>nachweisen<br>zeigen | Es wird ein logisches Argumentieren erwartet, wobei dies häufig anhand eines anschaulichen Hintergrundes erfolgt. |
| berechnen | Es wird ein nachvollziehbarer rechnerischer Lösungsweg erwartet. |
| bestimmen<br>ermitteln<br>untersuchen | Wenn man mehrere denkbare Ansätze hat, kann man sich einen von diesen frei aussuchen (z. B. grafisch oder rechnerisch), sofern nichts anderes vorgegeben wird (wie z. B. „Ermitteln Sie rechnerisch ..."). |
| grafisch darstellen<br>zeichnen | Es wird eine möglichst genaue Darstellung erwartet. |
| skizzieren | Es reicht eine Beschränkung auf die wichtigsten Eigenschaften (bei Graphen z. B. Nullstellen, Extrempunkte usw.).<br>Die Koordinatenachsen sollten beschriftet und skaliert sein. |

## Bewertung der mündlichen Abiturprüfung

Man unterscheidet bei der mündlichen Prüfung drei „Schwierigkeitsgrade": leicht, angemessen und schwer (Anforderungsbereiche I, II und III). Sowohl in Teil 1 als auch in Teil 2 werden alle drei Schwierigkeitsgrade abgefragt. Die meisten Teilaufgaben sind leicht oder angemessen, aber es gibt immer auch mindestens eine schwere Frage.

Bei jeder Prüfung müssen alle Noten von 0 bis 15 Punkte erreichbar sein.

Um die Prüfung zu bestehen, reicht es, wenn Sie einen Punkt bekommen. Bei null Punkten wäre man beim Abitur durchgefallen.

Die Note spiegelt das Gesamtbild der Prüfung wieder. Sie entsteht, indem die Prüfer verschiedene Kriterien berücksichtigen. In der folgenden Tabelle sind einige Prüfungskriterien aufgeführt. Diesen wurden sowohl mögliche positive als auch mögliche negative Wertungen zugeordnet. Sie können Ihre Note gezielt beeinflussen, indem Sie Positives anstreben und versuchen, Negatives zu vermeiden.

| Prüfungskriterium | positiv | negativ |
|---|---|---|
| Frage verstanden | genau, vollständig, eindeutig | ungenau, unvollständig, unklar |
| Arbeitsauftrag erledigt | richtig, vollständig, überzeugend | unvollständig, fehlerhaft, unsicher |
| Kenntnisse | exakt, passend, fundiert | lückenhaft, unscharf, nicht passend |
| Argumentation | mathematisch korrekt, durchdacht, in sich schlüssig, überzeugend | unklar, schlecht nachvollziehbar, fehlerhaft, unschlüssig |
| Vortragsweise | frei, flüssig, sicherer Umgang mit der Fachsprache, grammatikalisch und stilistisch korrekt | unsaubere Ausdrucksweise, stockend, unsicher, Vorlesen vom Konzeptblatt |
| Auftritt | authentisch, ruhig, selbstsicher | nervös, verstellt, hektisch, unsicher |

## Der Aufbau des Buches

### Inhaltsverzeichnis

Das Inhaltsverzeichnis ermöglicht einen schnellen Überblick. Anhand von Stichpunkten erfahren Sie wichtige Details zu jeder Musteraufgabe. Dies dient zur Orientierung und ermöglicht, rasch eine passende Aufgabe zu finden.

### Übungsaufgaben

Dieser Abschnitt bietet ausführlich gelöste und mit Lösungstipps versehene Beispielaufgaben sowie passende weitere Übungsaufgaben mit Lösungen. Schwerpunkt dieses Kapitels ist die Wiederholung und Festigung von Grundfertigkeiten, die nach Gebieten (Analysis, Geometrie, Stochastik) und nach Themen strukturiert sind.

## Musteraufgaben zu Teil 1 der Prüfung

Angeboten werden insgesamt 16 Musteraufgaben, sortiert nach Themengebieten.
Analysis:      acht Musteraufgaben
Geometrie:   vier Musteraufgaben
Stochastik:   vier Musteraufgaben
Diese Aufgaben decken eine Vielzahl von möglichen Fragestellungen und Arbeitsaufträgen ab. Mit diesen Musteraufgaben können Sie Prüfungssituationen zu Teil 1 üben.
Am Ende jeder Musteraufgabe zu Teil 1 wird jeweils auf eine mögliche Musteraufgabe zu Teil 2 verwiesen.

## Musteraufgaben zu Teil 2 der Prüfung

Dieser Abschnitt enthält Impulse und dazu passende mögliche Fragestellungen für das Prüfungsgespräch, sortiert nach Themengebieten.
Analysis:      acht Musteraufgaben
Geometrie:   vier Musteraufgaben
Stochastik:   vier Musteraufgaben
Mit diesen Musteraufgaben können Sie Prüfungssituationen zu Teil 2 üben.

## Anregungen zur Arbeit mit diesem Buch

Das Herzstück des Buches sind die Musteraufgaben zu den beiden Teilen der Prüfung. Mit diesen Aufgaben können Sie mündliche Prüfungen simulieren und für die echte Prüfungssituation üben.

Vor der Auseinandersetzung mit einer Musteraufgabe empfehlen wir Ihnen jedoch, sich zuerst zu vergewissern, dass die Grundkenntnisse des ausgewählten Themengebiets vorhanden sind. Eine gezielte Hilfe bei der Wiederholung dieser Grundkenntnisse bieten die Übungsaufgaben im ersten Teil des Buches.

### Vorschlag zur Arbeit mit den Musteraufgaben für Teil 1 der Prüfung

Wählen Sie zunächst (z. B. anhand des Inhaltsverzeichnisses) eine Musteraufgabe aus. Schauen Sie sich die Aufgabenstellung an und arbeiten Sie wie in einer echten Prüfung 20 Minuten an den Lösungen der Aufgaben und Ihrem Vortrag. Falls Hilfsmittel (Taschenrechner, Merkhilfe) zugelassen sind, können Sie diese während der Vorbereitungszeit verwenden.

> **TIPP** Da die meisten Teilaufgaben voneinander unabhängig sind, ist die Reihenfolge in der Regel ohne Bedeutung. Allerdings steigt in der Regel der Schwierigkeitsgrad der Teilaufgaben an.
> Lösen Sie zunächst alles, wozu Sie beim ersten Durchlesen eine Lösungsidee haben, und arbeiten Sie Ihre Lösungen dazu für den Vortrag aus.
> Beschäftigen Sie sich erst anschließend mit den anderen Teilaufgaben.

Halten Sie dann Ihren Vortrag laut und achten Sie dabei auf die Zeit (höchstens zehn Minuten!). Wenn Sie z. B. schon nach sechs Minuten fertig sind, folgen in der echten Prüfungssituation weitere vier Minuten des Schweigens. Wir empfehlen, diesen Fall ebenfalls zu üben.

Vergleichen Sie erst danach Ihre Ergebnisse mit dem abgedruckten Lösungsvorschlag. Dort finden Sie zuerst Notizen und Berechnungen, die Sie während Ihrer Vorbereitungszeit aufschreiben könnten.

Dieses Symbol kennzeichnet einen möglichen Vortragstext, also ausformulierte Erklärungen der Lösungen, wie Sie sie während der Prüfung vortragen könnten.

Dieses Symbol kennzeichnet weitere Ergänzungen oder alternative Lösungen, die Sie zum Schluss des 1. Teils vortragen könnten.

*Beachte:* Für eine richtige und vollständige Lösung der Aufgabe sind diese Ergänzungen nicht notwendig. Da Sie aber während des Vortrags keine Rückmeldungen erhalten, wissen Sie nicht, ob Ihre Lösungen richtig und vollständig waren. Daher kann jede Ergänzung zu einer positiven Bewertung und somit zu einer besseren Note beitragen. Außerdem lässt sich so die Phase des Schweigens im 1. Teil vermeiden oder verringern.

> **TIPP** Eventuelle Ergänzungen sollten Sie erst am Ende Ihres Vortrags anbringen, damit Sie vorher alle bearbeiteten Teilaufgaben ohne Zeitdruck ausführen können. Auch wenn Sie zu einem Aufgabenteil nur Teilergebnisse haben, sollten Sie diese trotzdem vortragen. Jeder richtige Teilaspekt wirkt sich positiv auf die Note aus.

**Vorschlag zur Arbeit mit den Musteraufgaben für Teil 2 der Prüfung**

Wählen Sie eine passende Aufgabe anhand des Inhaltsverzeichnisses aus oder blättern Sie zur entsprechenden Seite, die am Ende der bearbeiteten Aufgabe zu Teil 1 angegeben ist.

Decken Sie zuerst *nur den Impuls* auf und lesen Sie sich die gegebenen Informationen durch; die Arbeitsaufträge sollten Sie noch verdeckt lassen. Decken Sie diese dann *einzeln*, nach und nach auf und versuchen Sie, so schnell wie möglich darauf zu antworten. In Teil 2 der Prüfung sind grundsätzlich keine Hilfsmittel zugelassen.

> **TIPP** Sprechen Sie beim Üben am besten laut Ihre Lösung vor. Wenn Ihnen zu einer Fragestellung nichts einfällt, sollten Sie nach einigen Sekunden den nächsten Arbeitsauftrag aufdecken.

Schauen Sie sich die Lösung erst an, wenn Sie sich durch alle Teilaufgaben gearbeitet haben. Auch hier beinhalten die Lösungsvorschläge Teile, die mit ✚ markiert sind. Es handelt sich dabei um Ergänzungen, die Sie ebenfalls anbringen könnten.

> **TIPP** Solange Sie etwas Richtiges und Sinnvolles zum Thema sagen können, sollten Sie dies auch tun. Sie können damit auch den nächsten Arbeitsauftrag, zu dem Sie vielleicht weniger sagen können, etwas hinauszögern. Jede Ergänzung kann zu einer besseren Note beitragen.

## Generalprobe

Wir empfehlen, mindestens einmal eine „Generalprobe" durchzuführen, also eine komplette Prüfung am Stück zu üben.

Jeder Musteraufgabe zu Teil 1 ist dazu eine passende Musteraufgabe zu Teil 2 zugeordnet, sodass es im Buch insgesamt 16 komplette Beispielprüfungen gibt.

## Weitere Tipps zur mündlichen Prüfung

Konzentrieren Sie sich nur darauf, was Sie können bzw. wissen.
Streben Sie einen authentischen Auftritt an.
Vermitteln Sie nicht den Eindruck, dass Sie mehr wissen, als es tatsächlich der Fall ist.

Und nun folgen getrennte Tipps zu den zwei Teilen der Prüfung.

### Teil 1 der Prüfung

*Während der Vorbereitung:*

- **Markieren** Sie **Schlüsselwörter** im Aufgabentext.
- **Notieren** Sie stets, welchen **Aufgabenteil** Sie gerade bearbeiten.
  *Beispiel:* b) 2. Frage
- **Markieren** Sie die bereits **gelösten** Teile. Ein Haken reicht.
- Bearbeiten Sie zunächst die Teilaufgaben, die Sie auf Anhieb lösen können. Sie können also von der vorgegebenen **Reihenfolge abweichen**.
- Lassen Sie zwischen den Lösungen der einzelnen Teilaufgaben **Platz** für eventuelle **spätere Ergänzungen**.
- Notieren Sie sich **Teilergebnisse** auch bei jenen Fragen, die Sie nicht vollständig beantworten können. Jedes Teilergebnis bedeutet **zusätzliche Teilpunkte** und am Ende eine bessere Note.
- **Markieren** Sie auf Ihren Notizen die **Ausarbeitungen**, die Sie **zuerst** vortragen werden. Dazu gehören Fragestellungen, bei denen Sie **vollständige Lösungen** haben und bei denen Sie **sich sicher fühlen**.
- **Kennzeichnen** Sie eventuelle **Zusatzbemerkungen** oder **alternative Lösungsansätze**, die Sie jedoch nur dann vortragen werden, wenn Sie mit dem Rest fertig sind und noch etwas Zeit haben.

*Während des Vortrags:*
- Sprechen Sie **langsam** und **verständlich**.
- Seien Sie nicht irritiert, wenn einige der Prüfer sich von Anfang an Notizen machen. Die Prüfer müssen den Verlauf dokumentieren, um die Prüfung anschließend sachlich bewerten zu können.
- Verwenden Sie die **Fachsprache** und **korrekte Bezeichnungen**.
- Sprechen Sie möglichst **frei**. Sie können Ihre Notizen nutzen, ohne jedoch diese vorzulesen.
- Sie brauchen Ihre Ausarbeitungen **nicht an die Tafel** zu schreiben, sondern erhalten die Möglichkeit, diese zu visualisieren (z. B. sie an die Wand zu projizieren). Schlecht leserliche oder unklare Notizen sollten Sie lieber mündlich vortragen.
- Suchen Sie den **Blickkontakt** mit Ihren Prüfern. Die Mimik und der Gesichtsausdruck der Prüfer können Ihnen helfen zu erkennen, ob Ihre Ansätze richtig sind.
- Wenn Sie von einer Fragestellung zu einem anderen Arbeitsauftrag wechseln, **sagen** Sie dies jedes Mal dazu. Beim **Wechsel** zwischen zwei Arbeitsaufträgen können Sie eine **kurze Pause** von wenigen Sekunden einlegen.
- Achten Sie darauf, dass Ihr Vortrag **nicht länger als 10 Minuten dauert**, da Sie sonst unterbrochen werden, bevor Sie Ihren Vortrag beendet haben. Sie können zur Hilfe eine Uhr vor sich auf den Tisch stellen.

**Teil 2 der Prüfung**
- Nehmen Sie sich **Zeit**, die Angaben und die Fragen der Prüfer **zu verstehen**. Bei Unklarheiten können Sie **nachfragen** oder eine **Verständnisfrage** stellen.
- **Ordnen** Sie zunächst **Ihre Gedanken**, bevor Sie die gestellte Frage beantworten. Keiner erwartet von Ihnen, dass Sie alle Fragen „auf Knopfdruck" beantworten.
- Haben Sie eine Frage beantwortet und fühlen Sie sich **sicher im Themengebiet**, so können Sie weitere sinnvolle **Ergänzungen** dazu machen. Sie sollten aber darauf achten, dass Sie das **Thema nicht wechseln**.
- Wenn Sie **unsicher** sind, ist es statt „Rätselraten" sinnvoller, Ihre Unsicherheit **zu formulieren**. *Beispiel:* „Ich bin mir unsicher, wie ich mithilfe des Graphen den zurückgelegten Weg des Fahrzeugs ermitteln kann."
Auf diese Weise können Sie **vermeiden**, dass Sie etwas **grob Falsches** sagen und darauf hoffen, dass eine kleine **Hilfestellung** zu einem **richtigen Ansatz** führt.

Nach der Prüfung werden Sie gefragt, ob Sie Ihre Note erfahren möchten. Sie müssen für einige Minuten den Raum verlassen. Anschließend werden Sie wieder in den Prüfungsraum gebeten und man teilt Ihnen Ihre Note mit.

Sollten nach Erscheinen dieses Buches noch wichtige Änderungen zu den mündlichen Abiturprüfungen vom Kultusministerium Baden-Württemberg bekannt gegeben werden, finden Sie aktuelle Informationen dazu unter: **www.stark-verlag.de/pruefung-aktuell**

Allen Schülerinnen und Schülern wünschen wir eine gute Vorbereitung auf das Abitur und viel Erfolg bei der Prüfung!
*Ihr Autorenteam*

# ÜBUNGSAUFGABEN

## Was erwartet Sie in diesem Abschnitt?

Schwerpunkt dieses Abschnitts ist die Wiederholung und Festigung wichtiger Grundfertigkeiten, die nach Gebieten (Analysis, Geometrie, Stochastik) und nach Themen strukturiert sind.
Sie können damit gezielt bestimmte Grundlagen wiederholen.

- Zu jedem Gebiet gibt es zunächst Beispielaufgaben zu einem bestimmten Prüfungsinhalt bzw. Aufgabentyp. Anhand der fett gedruckten Themen können Sie eine passende Beispielaufgabe rasch finden.
- Mithilfe der Lösung einer Beispielaufgabe können Sie verstehen, wie Sie bei dieser speziellen Aufgabenstellung vorgehen können.
In **TIPP**-Kästen finden Sie Tipps und Anregungen, die zusätzliche Hilfestellungen darstellen.
Mit ⊞ sind alternative Lösungswege gekennzeichnet.
- Nach den Beispielaufgaben folgen weitere Übungsaufgaben mit Lösungen zu denselben Themen. Durch das Lösen einer ähnlichen Aufgabe können Sie prüfen, ob Sie die gerade wiederholte Grundlage auch alleine anwenden können.

Beachten Sie auch die ausführlichen Anregungen zur Arbeit mit diesem Buch ab Seite V vorne in diesem Buch.

# Baden-Württemberg ▪ Basisfach Mathematik
Übungsaufgaben zu den Grundfertigkeiten ▪ Analysis

## Beispielaufgaben Analysis

**Ableitungsregeln**

Leiten Sie die Funktion $f(x) = x^3 \cdot \cos(4x - 9)$ einmal ab.

*Lösung:*
Wegen des Malzeichens wendet man zunächst die Produktregel an. In der Folge wird an einer Stelle auch die Kettenregel benötigt:

$f'(x) = (x^3)' \cdot \cos(4x - 9) + x^3 \cdot (\cos(4x - 9))'$
$= 3x^2 \cdot \cos(4x - 9) + x^3 \cdot (-\sin(4x - 9)) \cdot \mathbf{4}$
$= 3x^2 \cdot \cos(4x - 9) - 4x^3 \cdot \sin(4x - 9)$

> **TIPP** Bei der Produktregel ist es möglich, die zwei Ableitungen zuerst nur anzudeuten und nicht gleich zu berechnen. So können Sie die Lösung besser prüfen.
> Bei der Kettenregel wird stets mit der Zahl vor x multipliziert, hier mit **4**.
> Wenn die Vereinfachung des Ergebnisses nicht explizit verlangt wird, können Sie darauf verzichten.

**Stammfunktion bestimmen**

Bilden Sie eine Stammfunktion F zur Funktion $f(x) = 24 \cdot (4x - 5)^2 - 8\cos(2x + 3)$.

*Lösung:*

$24 \cdot (\mathbf{4}x - 5)^2 \quad \rightarrow \quad \dfrac{24}{3} \cdot (4x - 5)^3 \cdot \dfrac{1}{\mathbf{4}} = \dfrac{24}{12} \cdot (4x - 5)^3 = 2 \cdot (4x - 5)^3$

$8\cos(\mathbf{2}x + 3) \quad \rightarrow \quad \dfrac{8}{\mathbf{2}} \cdot \sin(2x + 3) = 4\sin(2x + 3)$

Aus den Teilergebnissen folgt: $F(x) = 2 \cdot (4x - 5)^3 - 4\sin(2x + 3)$

> **TIPP** Bei Summen und Differenzen ist es sinnvoll, die einzelnen Terme zunächst getrennt „aufzuleiten".
> Bei Verkettungen wird im Term der Stammfunktion stets durch die Zahl vor x geteilt.
> Zur Kontrolle können Sie den gefundenen Term ableiten und prüfen, ob Sie f(x) erhalten. Diese Probe ist optional.

**Stammfunktion mit Zusatzbedingung**
Ermitteln Sie jene Stammfunktion F von $f(x)=6e^{2x}$, deren Graph durch $P(0|5)$ geht.
*Lösung:*
$$F(x) = \frac{6}{2} \cdot e^{2x} + c = 3e^{2x} + c$$
Aus $F(0)=5$ folgt $3e^{2 \cdot 0}+c=5$ oder $3 \cdot 1+c=5$, also $c=2$.
Die gesuchte Stammfunktion ist $F(x)=3e^{2x}+2$.

> **TIPP** Bei Zusatzbedingungen braucht man eine Konstante **c**, die sich in der Regel durch eine Punktprobe bestimmen lässt.

**Nachweis der Stammfunktion**
Zeigen Sie, dass $F(x)=x^3 \cdot \sin(2x)$ eine Stammfunktion der Funktion $f(x) = 3x^2 \cdot \sin(2x) + 2x^3 \cdot \cos(2x)$ ist.
*Lösung:*
$$F'(x) = (x^3)' \cdot \sin(2x) + x^3 \cdot (\sin(2x))' = 3x^2 \cdot \sin(2x) + x^3 \cdot \cos(2x) \cdot 2 = f(x)$$

> **TIPP** F ist eine Stammfunktion von f, wenn F abgeleitet f ergibt, also: $F'(x)=f(x)$

**Integralrechnung**
Berechnen Sie das Integral $\int_0^1 (3x^2 + 4e^{2x})\,dx$.
*Lösung:*
$$\int_0^1 (3x^2 + 4e^{2x})\,dx = \left[x^3 + 2e^{2x}\right]_0^1 = (1^3 + 2e^{2 \cdot 1}) - (0^3 + 2e^0) = 1 + 2e^2 - 2 = 2e^2 - 1$$

> **TIPP** Beim Einsetzen der oberen und der unteren Grenze ist es sinnvoll, die jeweils entstandenen Terme zunächst in Klammern zu setzen.

**Nachweis von Monotonie**
a) Zeigen Sie, dass $f(x) = 5e^{-0,4x}$ überall monoton fallend ist.
b) Zeigen Sie, dass $f(x) = x^2 - 6x$ für $x>3$ monoton steigend ist.
*Lösung:*
a) $f'(x) = 5 \cdot (-0,4) \cdot e^{-0,4x} = -2e^{-0,4x} < 0$
Also $f'(x)<0$ für jedes x. Daraus folgt, dass f überall monoton fallend ist.

> **TIPP** Um Monotonie nachzuweisen, muss man das Vorzeichen der ersten Ableitung untersuchen.

**b)** $f'(x) = 2x - 6$
$f'(x) > 0$
$2x - 6 > 0$
$2x > 6$
$x > 3$
Für $x > 3$ ist also $f'(x) > 0$. Daher ist f für $x > 3$ monoton steigend.

**Aus dem Graphen von f' auf den Graphen von f schließen**

Die nebenstehende Abbildung zeigt den Graphen von f'.
Untersuchen Sie den Graphen von f auf

a) Extrempunkte im dargestellten Bereich.

b) Wendepunkte im dargestellten Bereich.

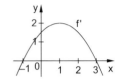

*Lösung:*

a) Man fertigt eine Vorzeichentabelle an. Zunächst entnimmt man der Abbildung die Nullstellen und das Vorzeichen von f' und füllt die mittlere Zeile aus.
Anschließend folgert man auf die Monotonie von f (untere Zeile):

| x     |   | −1 |   | 3 |   |
|-------|---|----|---|---|---|
| f'(x) | − | 0  | + | 0 | − |
| f(x)  | ↘ | T  | ↗ | H | ↘ |

Aus der Tabelle folgt:
Der Graph von f hat an der Stelle $x = -1$ einen Tiefpunkt und an der Stelle $x = 3$ einen Hochpunkt.

b) Der Graph von f' hat an der Stelle $x = 1$ einen Hochpunkt. Daher hat der Graph von f an der Stelle $x = 1$ einen Wendepunkt.

**TIPP** Die Extremstellen der ersten Ableitung sind Wendestellen der Funktion, die abgeleitet wurde.

**Aus dem Graphen von f auf den Graphen von F schließen**

Die nebenstehende Abbildung zeigt den Graphen von f.
Untersuchen Sie den Graphen von F auf

a) Extrempunkte im dargestellten Bereich.

b) Wendepunkte im dargestellten Bereich.

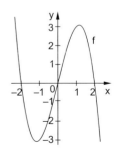

*Lösung:*

a) Man fertigt eine Vorzeichentabelle an. Zunächst entnimmt man der Abbildung die Nullstellen und das Vorzeichen von f und füllt die mittlere Zeile aus.

Anschließend folgert man auf die Monotonie von F (untere Zeile):

| x | | −2 | | 0 | | 2 | |
|---|---|---|---|---|---|---|---|
| F'(x) = f(x) | + | 0 | − | 0 | + | 0 | − |
| F(x) | ↗ | H | ↘ | T | ↗ | H | ↘ |

Aus der Tabelle folgt:
Der Graph von F hat an der Stelle $x=-2$ einen Hochpunkt, an der Stelle $x=0$ einen Tiefpunkt und an der Stelle $x=2$ einen weiteren Hochpunkt.

**b)** Der Graph von f hat an der Stelle $x=-1$ einen Tiefpunkt und an der Stelle $x=1$ einen Hochpunkt. Die Ableitung von F ist f. Daher besitzt der Graph von F an den Stellen $x=-1$ und $x=1$ je einen Wendepunkt.

**TIPP** Die Extremstellen von f sind Wendestellen von F.

**Tangente in einem Punkt des Graphen**

Stellen Sie im Punkt $P(3|9)$ des Graphen der Funktion $f(x)=x^2$ die Gleichung der Tangente auf.

*Lösung:*
Jede Tangente ist eine Gerade, daher gilt t: $y=mx+c$.
$m=f'(3)$
$f'(x)=2x$
$f'(3)=2\cdot 3=6$
Also ist $m=6$ und damit t: $y=6x+c$.

**TIPP** Die Steigung der Tangente ist der Wert der ersten Ableitung im Berührpunkt.

Durch eine Punktprobe mit $P(3|9)$ ermittelt man die Konstante c:
$9=6\cdot 3+c$
$9=18+c$
$c=-9$
Die Gleichung der Tangente lautet $y=6x-9$.

⊞ *Alternativlösung:* Die Gleichung der Tangente im Berührpunkt $B(u|f(u))$ lautet:
t: $y=f'(u)\cdot (x-u)+f(u)$ (siehe Merkhilfe, Seite 5)
Wegen $P(3|9)$ ist $u=3$ und $f(u)=9$.
$f'(u)=f'(3)=6$ (wie beim ersten Lösungsweg)
Man setzt nun alles in die Tangentengleichung ein:
t: $y=f'(3)\cdot (x-3)+f(3)$
t: $y=6\cdot (x-3)+9$
t: $y=6x-18+9=6x-9$
Also: t: $y=6x-9$

**Von der momentanen Änderungsrate zum Bestand**

a) Der Graph von f in der Abbildung rechts zeigt die Änderungsrate der Wassermenge, die aus einem Gefäß fließt, während ein Ventil geöffnet wird (Zeit t in Sekunden, y in Liter pro Sekunde). Wie viele Liter Wasser sind in den ersten acht Sekunden abgeflossen?

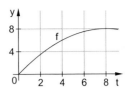

b) Eine Fichte ist zu Beobachtungsbeginn 4 m hoch. Die Funktion $f(t) = 3e^{-0,1t}$ beschreibt ihre Wachstumsgeschwindigkeit (t in Jahren, f(t) in $\frac{\text{Meter}}{\text{Jahr}}$, t = 0 entspricht dem Anfang der Beobachtung). Ermitteln Sie rechnerisch, wie hoch die Fichte nach 20 Jahren ist. Runden Sie auf ganze Meter.

*Lösung:*

a) Man muss $\int_0^8 f(t)\,dt$ ermitteln. Da man keinen Funktionsterm hat, muss man „Kästchen zählen". Es sind 4 volle oder fast volle große Kästchen (mit je einem • markiert) und noch 3 Teilkästchen (mit je einem × markiert). Die Teilkästchen kann man als halbe Kästchen auffassen.

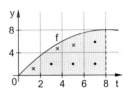

Die Fläche entspricht ca. $4 + 3 \cdot 0,5 = 5,5$ vollen Kästchen.
Ein Kästchen hat den Flächeninhalt $2 \cdot 4 = 8$.
Damit beträgt der Flächeninhalt etwa $5,5 \cdot 8 = 44$.

Antwort: In den ersten acht Sekunden sind etwa 44 Liter Wasser abgeflossen.

> **TIPP** Das Wort „pro" (hier: Liter pro Sekunde) deutet auf eine *momentane Änderungsrate* hin. Das Integral der momentanen Änderungsrate ergibt den Bestand. Der Bestand ist in diesem Fall die Wassermenge in Liter.
> Falls der Anfangsbestand nicht null ist, muss man diesen noch dazuaddieren (siehe Teilaufgabe b).

b) Der Ansatz lautet $4 + \int_0^{20} f(t)\,dt$ (siehe Merkhilfe, Seite 6, Bestandsfunktion).

Man berechnet eine Stammfunktion und damit das Integral:

$F(t) = \dfrac{3}{-0,1} \cdot e^{-0,1t} = -30e^{-0,1t}$

$\int_0^{20} f(t)\,dt = F(20) - F(0) \approx -4,06 - (-30) \approx 25,94 \approx 26$

$4 + 26 = 30$

Antwort: Die Fichte ist nach 20 Jahren etwa 30 Meter hoch.

**Aussagen über ganzrationale Funktionen bewerten**

Nehmen Sie Stellung zu den folgenden Aussagen und begründen Sie jeweils Ihre Antwort.

a) Wenn für eine ganzrationale Funktion f sowohl f'(0)=0 als auch f''(0)=0 gilt, dann hat der Graph von f an der Stelle x=0 keinen Extrempunkt.

b) Wenn der Graph einer ganzrationalen Funktion den Hochpunkt H(0|3) und den Tiefpunkt T(2|1) besitzt, dann hat der Graph von f im Bereich 0<x<2 einen Wendepunkt.

*Lösung:*

> **TIPP** Zunächst kann man versuchen, die Aussage jeweils durch ein passendes Gegenbeispiel zu widerlegen. Um zu zeigen, dass eine Aussage *falsch* ist, reicht nämlich *ein einziges Gegenbeispiel*.
> Erst wenn dies nicht gelingt, muss man versuchen, die Richtigkeit der Aussage zu begründen. Eine *richtige* Aussage muss für *jedes* Beispiel zutreffen.

a) Die Aussage ist falsch.
Begründung mit Gegenbeispiel:
Für $f(x)=x^4$ gilt $f'(x)=4x^3$ und $f''(x)=12x^2$ mit $f'(0)=0$ und $f''(0)=0$. Der Graph von f hat aber an der Stelle x=0 einen Tiefpunkt.

*Bemerkung:* Für $f(x)=x^3$ ist die Aussage dagegen richtig. Aber: Wenn eine Aussage für ein Beispiel richtig und für ein anderes Beispiel falsch ist, dann gilt sie in der Mathematik allgemein als falsch.

b) Man schafft es nicht, ein Gegenbeispiel zu finden. Daher drängt sich die Vermutung auf, dass die Aussage richtig ist.

Begründung für die Richtigkeit:
Beim Hochpunkt, also hier bei x=0, ist der Graph wie ein Regenschirm rechtsgekrümmt. Beim Tiefpunkt, also hier bei x=2, ist der Graph wie bei einer Regenrinne linksgekrümmt. Daher muss der Graph zwischen diesen beiden Stellen sein Krümmungsverhalten ändern.
An dieser Stelle hat der Graph von f einen Wendepunkt.

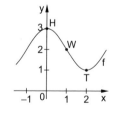

# Übungsaufgaben Analysis

## Ableitungsregeln

**1** Bilden Sie jeweils die erste Ableitung.
a) $f(x) = 4e^{5x}$
b) $f(x) = 2\sin(3x - 4)$
c) $f(x) = 2 \cdot (6x - 1)^4$
d) $f(x) = 5\cos(2x + 8)$
e) $f(x) = x^4 \cdot \sin(5x + 2)$
f) $f(x) = 3e^{-x} - 6x^{-2}$
g) $f(x) = 5\sin(4x) \cdot e^{3x}$

## Stammfunktion bestimmen

**2** Bilden Sie jeweils eine Stammfunktion.
a) $f(x) = \cos(4x + 3)$
b) $f(x) = 6e^{-3x}$
c) $f(x) = 25\sin(5x - 2)$
d) $f(x) = (2x + 7)^3$
e) $f(x) = 5x^4 + 4\sin(2x)$
f) $f(x) = 9x^{-4} - 2e^{-2x}$

## Stammfunktion mit Zusatzbedingung

**3** a) Ermitteln Sie jene Stammfunktion F von $f(x) = 3x^2 + 2$, deren Graph durch den Punkt $P(1 | 6)$ geht.
b) Ermitteln Sie jene Stammfunktion G von $g(x) = 4e^{2x}$, deren Graph durch den Punkt $Q(0 | 3)$ geht.

## Nachweis der Stammfunktion

**4** a) Weisen Sie nach, dass $F(x) = x^4 \cdot e^{-0,5x}$ eine Stammfunktion der Funktion $f(x) = 4x^3 \cdot e^{-0,5x} - 0,5x^4 \cdot e^{-0,5x}$ ist.
b) Zeigen Sie, dass $G(x) = 5 \cdot (\sin(3x) - 1)^4$ eine Stammfunktion der Funktion $g(x) = 60 \cdot (\sin(3x) - 1)^3 \cdot \cos(3x)$ ist.

## Integralrechnung

**5** Berechnen Sie die Integrale.
a) $\int_0^1 (4x^3 + 6x)\,dx$
b) $\int_1^2 2e^{1-x}\,dx$

## Nachweis von Monotonie

**6** Zeigen Sie, dass

*Rangehen?*

a) $f(x) = x^5 + 2x$ überall monoton steigend ist.
b) $g(x) = 20e^{-0,1x}$ überall monoton fallend ist.
c) $h(x) = x^2 + 8x$ für $x > -4$ monoton steigend ist.

**Aus dem Graphen von f' auf den Graphen von f schließen**

✓7  Die nebenstehende Abbildung zeigt den Graphen von f'.
Untersuchen Sie den Graphen von f auf
a) Extrempunkte im dargestellten Bereich.
b) Wendepunkte im dargestellten Bereich.

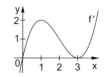

**Aus dem Graphen von f auf den Graphen von F schließen**

✓8  Die nebenstehende Abbildung zeigt den Graphen von f.
Untersuchen Sie den Graphen von F auf
a) Extrempunkte im dargestellten Bereich.
b) Wendepunkte im dargestellten Bereich.

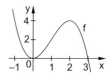

**Tangente in einem Punkt des Graphen**

✓9  Stellen Sie im Punkt P(0|2) des Graphen der Funktion $f(x) = 2e^{3x}$ die Gleichung der Tangente auf.

**Von der momentanen Änderungsrate zum Bestand**

✓10  In einer Millionenstadt breitet sich eine ansteckende Krankheit aus.
Der Graph der Funktion f beschreibt die Neuerkrankungsrate (t ist die Zeit in Wochen, f(t) die Anzahl der Neuerkrankungen pro Woche). Am Anfang der Beobachtung gibt es bereits 1000 erkrankte Personen.
Ermitteln Sie die Anzahl der erkrankten Personen nach Ablauf von 20 Wochen.

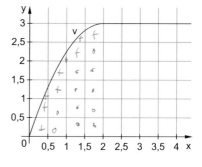

✓11  a) Der Graph zeigt die Geschwindigkeit eines Fahrstuhls in einem Hochhaus (Zeit x in Sekunden, Geschwindigkeit v(x) in Meter pro Sekunde). Der Fahrstuhl erreicht in 2 Sekunden seine konstante Geschwindigkeit von 3 Meter pro Sekunde.
Ermitteln Sie näherungsweise die Höhe, in der sich der Fahrstuhl nach 4 Sekunden befindet, wenn er am Anfang im Erdgeschoss stand und von hier aus nach oben fährt.

b) Die Geschwindigkeit des Fahrstuhls ist $v(x) = -\frac{3}{4}x^2 + 3x$ für $0 \leq x \leq 2$ und danach konstant 3 Meter pro Sekunde.
Berechnen Sie die Höhe, in der sich der Fahrstuhl nach 4 Sekunden befindet, wenn er am Anfang im Erdgeschoss stand und von hier aus nach oben fährt.

**Aussagen über ganzrationale Funktionen bewerten**

**12** Nehmen Sie Stellung zu den folgenden Aussagen. Begründen Sie jeweils Ihre Antwort.

a) Der Graph jeder ganzrationalen Funktion dritten Grades hat mindestens einen Extrempunkt.

b) Der Graph jeder ganzrationalen Funktion vierten Grades hat mindestens einen Wendepunkt.

c) Der Graph jeder ganzrationalen Funktion dritten Grades hat genau einen Wendepunkt.

d) Wenn der Graph einer ganzrationalen Funktion genau drei Extrempunkte hat, dann ist diese Funktion vierten Grades.

e) Der Graph einer ganzrationalen Funktion dritten Grades kann nicht mehr als zwei Extrempunkte haben.

f) Wenn sich die Nullstellen einer ganzrationalen Funktion genau an den Stellen $x=-2$, $x=0$ und $x=2$ befinden, dann kann der Graph dieser Funktion nicht mehr als zwei Extrempunkte haben.

g) Wenn sowohl die erste Ableitung als auch die zweite Ableitung einer ganzrationalen Funktion f an der Stelle $x=2$ null ist, dann hat der Graph von f an der Stelle $x=2$ einen Sattelpunkt.

# Lösungsvorschlag zu den Übungsaufgaben Analysis

**1** a) $f'(x) = 4e^{5x} \cdot 5 = 20e^{5x}$

b) $f'(x) = 2\cos(3x-4) \cdot 3 = 6\cos(3x-4)$

c) $f'(x) = 2 \cdot 4(6x-1)^3 \cdot 6 = 48 \cdot (6x-1)^3$

d) $f'(x) = 5 \cdot (-\sin(2x+8)) \cdot 2 = -10\sin(2x+8)$

e) $f'(x) = 4x^3 \cdot \sin(5x+2) + x^4 \cdot \cos(5x+2) \cdot 5 = 4x^3 \cdot \sin(5x+2) + 5x^4 \cdot \cos(5x+2)$

f) $f'(x) = 3e^{-x} \cdot (-1) - 6 \cdot (-2)x^{-2-1} = -3e^{-x} + 12x^{-3}$

g) $f'(x) = 5\cos(4x) \cdot 4 \cdot e^{3x} + 5\sin(4x) \cdot e^{3x} \cdot 3 = 20\cos(4x) \cdot e^{3x} + 15\sin(4x) \cdot e^{3x}$

**2** a) $F(x) = \dfrac{1}{4} \cdot \sin(4x+3)$

b) $F(x) = \dfrac{6}{-3} \cdot e^{-3x} = -2e^{-3x}$

c) $F(x) = -\dfrac{25}{5} \cdot \cos(5x-2) = -5\cos(5x-2)$

d) $F(x) = \dfrac{1}{4} \cdot (2x+7)^4 \cdot \dfrac{1}{2} = \dfrac{1}{8} \cdot (2x+7)^4$

e) $F(x) = \dfrac{5}{5} \cdot x^5 - \dfrac{4}{2} \cdot \cos(2x) = x^5 - 2\cos(2x)$

f) $F(x) = \dfrac{9}{-4+1} \cdot x^{-4+1} - \dfrac{2}{-2} \cdot e^{-2x} = -3x^{-3} + e^{-2x}$

**3** a) $F(x) = x^3 + 2x + c$
Aus $F(1) = 6$ folgt $1 + 2 + c = 6$, also $c = 3$.
Die gesuchte Stammfunktion lautet $F(x) = x^3 + 2x + 3$.

b) $G(x) = 2e^{2x} + c$
Aus $G(0) = 3$ folgt $2 + c = 3$, also $c = 1$.
Die gesuchte Stammfunktion lautet $G(x) = 2e^{2x} + 1$.

**4** a) $F'(x) = (x^4)' \cdot e^{-0,5x} + x^4 \cdot (e^{-0,5x})'$
$= 4x^3 \cdot e^{-0,5x} - 0,5x^4 \cdot e^{-0,5x}$
$= f(x)$

b) $G'(x) = (5 \cdot (\sin(3x) - 1)^4)'$
$= 5 \cdot 4(\sin(3x) - 1)^3 \cdot \cos(3x) \cdot 3$
$= 60 \cdot (\sin(3x) - 1)^3 \cdot \cos(3x)$
$= g(x)$

**5** a) $\int_0^1 (4x^3 + 6x)\,dx = \left[x^4 + 3x^2\right]_0^1 = (1^4 + 3 \cdot 1^2) - (0^4 + 3 \cdot 0^2) = 1 + 3 - 0 = 4$

b) $\int_1^2 2e^{1-x}\,dx = \left[-2e^{1-x}\right]_1^2 = (-2e^{-1}) - (-2e^0) = -\dfrac{2}{e} + 2 \quad (\approx 1{,}26)$

**6** a) $f'(x) = 5x^4 + 2 > 0$, da $x^4 \geq 0$ und $2 > 0$ für jedes x.
Also $f'(x) > 0$ für jedes x. Daraus folgt, dass f überall monoton steigend ist.

b) $g'(x) = 20 \cdot (-0{,}1) \cdot e^{-0{,}1x} = -2e^{-0{,}1x} < 0$
Also $g'(x) < 0$ für jedes x. Daraus folgt, dass g überall monoton fallend ist.

c) $h'(x) = 2x + 8$
$h'(x) > 0$
$2x + 8 > 0$
$2x > -8$
$x > -4$
Für $x > -4$ ist also $h'(x) > 0$. Daher ist h für $x > -4$ monoton steigend.

**7** a) Man fertigt eine Vorzeichentabelle an. Zunächst entnimmt man dem Graphen die Nullstellen und das Vorzeichen von f' und füllt die mittlere Zeile aus. Anschließend schließt man auf die Monotonie von f (untere Zeile):

| x    |   | 0 |   | 3 |   |
|------|---|---|---|---|---|
| f'(x)| − | 0 | + | 0 | + |
| f(x) | ↘ | T | ↗ | S | ↗ |

Der Tabelle kann man entnehmen:
Der Graph von f hat an der Stelle $x = 0$ einen Tiefpunkt. An der Stelle $x = 3$ hat der Graph von f keinen Extrempunkt, sondern einen Sattelpunkt.

b) Der Graph von f' hat an der Stelle $x = 1$ einen Hochpunkt und an der Stelle $x = 3$ einen Tiefpunkt. Daher hat der Graph von f Wendepunkte bei $x = 1$ und bei $x = 3$.

**8** a) Man fertigt eine Vorzeichentabelle an. Zunächst entnimmt man dem Graphen die Nullstellen und das Vorzeichen von F'(x) = f(x) und füllt die mittlere Zeile aus. Anschließend schließt man auf die Monotonie von F (untere Zeile):

| x | | 0 | | 3 | |
|---|---|---|---|---|---|
| F'(x) = f(x) | + | 0 | + | 0 | − |
| F(x) | ↗ | S | ↗ | H | ↘ |

Der Tabelle kann man entnehmen:
Der Graph von F hat an der Stelle x = 3 einen Hochpunkt. An der Stelle x = 0 hat er keinen Extrempunkt, sondern einen Sattelpunkt.

b) Der Graph von F'(x) = f(x) hat an der Stelle x = 0 einen Tiefpunkt und an der Stelle x = 2 einen Hochpunkt. Daher hat der Graph von F Wendepunkte bei x = 0 und bei x = 2.

**9** t: $y = mx + c$
$m = f'(0)$
$f'(x) = 2 \cdot 3e^{3x} = 6e^{3x}$
$f'(0) = 6e^{3 \cdot 0} = 6e^0 = 6 \cdot 1 = 6$
Also ist m = 6 und t: $y = 6x + c$.
Durch eine Punktprobe mit P(0|2) ermittelt man die Konstante c:
$2 = 6 \cdot 0 + c$
$c = 2$
Die Gleichung der Tangente lautet $y = 6x + 2$.

➕ *Alternativlösung:*
Die Gleichung der Tangente im Berührpunkt B(u|f(u)) ist:
t: $y = f'(u) \cdot (x - u) + f(u)$ (siehe Merkhilfe, Seite 5)
Wegen P(0|2) ist u = 0 und f(u) = 2.
$f'(u) = f'(0) = 6$ (wie beim ersten Lösungsweg)
t: $y = f'(0) \cdot (x - 0) + f(0)$
t: $y = 6 \cdot (x - 0) + 2$
t: $y = 6x + 2$

**10** Man muss $1\,000 + \int_0^{20} f(t)\,dt$ ermitteln.

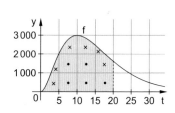

Da man keinen Funktionsterm hat, muss man für das Integral „Kästchen zählen". Es sind 5 volle Kästchen (mit je einem •  markiert) und noch 6 Teilkästchen (mit je einem × markiert).
Die Fläche entspricht also ca. $5 + 6 \cdot 0{,}5 = 8$ vollen Kästchen.

Ein Kästchen hat den Flächeninhalt $5 \cdot 1000 = 5000$.
Damit beträgt der Flächeninhalt etwa $8 \cdot 5000 = 40000$.
Man zählt noch den Anfangsbestand 1 000 dazu.

Antwort: Nach 20 Wochen sind etwa 41 000 Personen erkrankt.

**11 a)** Man muss $\int_0^4 v(x)\,dx$ ermitteln.

$$\int_0^4 v(x)\,dx = \int_0^2 v(x)\,dx + \int_2^4 v(x)\,dx$$

$\int_2^4 v(x)\,dx = 2 \cdot 3 = 6$ (als Rechteck)

Um $\int_0^2 v(x)\,dx$ zu ermitteln, muss

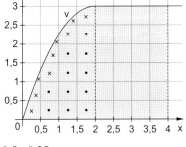

man „Kästchen zählen".
Es sind 11 volle Kästchen (mit je
einem • markiert) und noch 9 Teil-
kästchen (mit je einem x markiert).
Die Fläche entspricht also ca.
$11 + 9 \cdot 0{,}5 = 15{,}5$ vollen Kästchen.
Ein Kästchen hat den Flächeninhalt $0{,}5 \cdot 0{,}5 = 0{,}25$.
Damit beträgt der Flächeninhalt etwa $15{,}5 \cdot 0{,}25 = 3{,}875$.
Man berechnet die Summe: $6 + 3{,}875 = 9{,}875$

Antwort: Nach 4 Sekunden befindet sich der Fahrstuhl in einer Höhe von etwa 9,9 Meter.

**b)** Zu berechnen ist $\int_0^2 v(x)\,dx + \int_2^4 3\,dx$.

Um $\int_0^2 v(x)\,dx$ zu berechnen, ermittelt man zunächst eine Stammfunktion:

$V(x) = -\frac{1}{4}x^3 + \frac{3}{2}x^2$

$\int_0^2 v(x)\,dx = V(2) - V(0) = -\frac{1}{4} \cdot 2^3 + \frac{3}{2} \cdot 2^2 - 0 = -2 + 6 = 4$

$\int_2^4 3\,dx = [3x]_2^4 = 3 \cdot 4 - 3 \cdot 2 = 12 - 6 = 6$

Man bildet noch die Summe: $4 + 6 = 10$

Antwort: Nach 4 Sekunden befindet sich der Fahrstuhl in 10 Meter Höhe.

**12** a) Die Aussage ist falsch.
Begründung mit Gegenbeispiel:
Die Funktion $f(x)=x^3$ ist zwar eine ganzrationale
Funktion dritten Grades, aber der Graph von f hat
keinen Extrempunkt (nur einen Sattelpunkt bei $x=0$).

b) Die Aussage ist falsch.
Begründung mit Gegenbeispiel:
Die Funktion $f(x)=x^4$ ist zwar eine ganzrationale
Funktion vierten Grades, aber der Graph von f hat
keinen Wendepunkt (nur einen Tiefpunkt bei $x=0$).

c) Die Aussage ist richtig.
Begründung: Wenn f eine ganzrationale Funktion dritten Grades ist, dann ist
die erste Ableitung von f zweiten Grades, die zweite Ableitung von f ersten
Grades und die dritte Ableitung von f ist eine Konstante.
Die Gleichung $f''(x)=0$ hat genau eine Lösung, da $f''$ eine lineare Funktion ist.
Die zweite Bedingung $f'''(x) \neq 0$ ist ebenfalls erfüllt, da die Konstante nicht
null sein darf – sonst wäre f nicht dritten Grades.

d) Die Aussage ist falsch.
Begründung mit Gegenbeispiel:
Die Funktion $f(x)=2x^4 \cdot (x-2)^2$ ist eine ganzrationale
Funktion sechsten Grades. Der Graph von f hat einen
Tiefpunkt bei $x=0$ (vierfache Nullstelle), einen wei-
teren Tiefpunkt bei $x=2$ (zweifache Nullstelle) und
zwischen $x=0$ und $x=2$ einen Hochpunkt.
Die Funktion hat also genau drei Extrempunkte, ist
aber nicht vierten, sondern sechsten Grades.
Damit ist die Aussage widerlegt.

e) Die Aussage ist richtig.
Begründung: Wenn f eine ganzrationale Funktion dritten Grades ist, dann ist
die erste Ableitung von f zweiten Grades. Die bekannte Bedingung für Extrempunkte ist $f'(x)=0$. Dies ist in diesem Fall eine quadratische Gleichung, die
nicht mehr als zwei Lösungen haben kann.
Damit ist die Aussage bewiesen.

f) Die Aussage ist falsch.
Begründung mit Gegenbeispiel:
Die Funktion $f(x)=-x^2 \cdot (x-2) \cdot (x+2)$ hat die Nullstellen $x=-2$, $x=0$ und $x=2$. Der Graph von f hat
einen Tiefpunkt bei $x=0$ (doppelte Nullstelle) und
noch zwei Hochpunkte zwischen den Nullstellen,
also insgesamt drei Extrempunkte.
Damit ist die Aussage widerlegt.

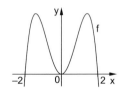

g) Die Aussage ist falsch.
Begründung mit Gegenbeispiel:
Die Funktion f(x)=(x−2)$^4$ ist eine ganzrationale
Funktion vierten Grades. Es gilt:
f'(x) = 4 · (x − 2)$^3$
f"(x) = 12 · (x − 2)$^2$
Die Bedingungen f'(2)=0 und f"(2)=0 sind erfüllt,
aber der Graph von f hat an der Stelle x=2 keinen
Sattelpunkt, sondern einen Tiefpunkt.
Damit ist die Aussage widerlegt.

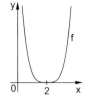

## Baden-Württemberg ▪ Basisfach Mathematik
Übungsaufgaben zu den Grundfertigkeiten ▪ Geometrie

### Beispielaufgaben Geometrie

**Gerade durch zwei Punkte**

Stellen Sie eine Gleichung der Geraden auf, die durch die Punkte A(3|1|6) und B(7|2|8) geht. Benennen Sie den Stützvektor und den Richtungsvektor.

*Lösung:*
Die Geradengleichung lautet:

$$g: \vec{x} = \underbrace{\begin{pmatrix} 3 \\ 1 \\ 6 \end{pmatrix}}_{\text{Stützvektor}} + t \cdot \underbrace{\begin{pmatrix} 4 \\ 1 \\ 2 \end{pmatrix}}_{\text{Richtungsvektor}}$$

> **TIPP** Zwei Punkte A und B bestimmen eine Gerade mit der Gleichung
> $g: \vec{x} = \overrightarrow{OA} + t \cdot \overrightarrow{AB}$.

**Punktprobe bei einer Geraden**

Gegeben ist die Gerade $g: \vec{x} = \begin{pmatrix} 3 \\ 1 \\ 6 \end{pmatrix} + t \cdot \begin{pmatrix} 4 \\ 1 \\ 2 \end{pmatrix}$.

Prüfen Sie, ob die Punkte C(11|3|10) bzw. D(−1|0|2) auf der Geraden g liegen.

*Lösung:*
Punkt C:
$3 + 4t = 11 \Rightarrow 4t = 8 \Rightarrow t = 2$
$1 + t = 3 \qquad\qquad\quad\; \Rightarrow t = 2$
$6 + 2t = 10 \Rightarrow 2t = 4 \Rightarrow t = 2$
Da alle drei Parameterwerte gleich sind, liegt der Punkt C auf g.

Punkt D:
$3 + 4t = -1 \Rightarrow 4t = -4 \Rightarrow t = -1$
$1 + t = 0 \qquad\qquad\quad\;\; \Rightarrow t = -1$
$6 + 2t = 2 \Rightarrow 2t = -4 \Rightarrow t = -2$
Da nicht alle drei Parameterwerte gleich sind, liegt der Punkt D nicht auf g.

> **TIPP** Es genügt nicht, dass zwei Werte übereinstimmen, es müssen alle drei gleich sein.

**Parallelität von Geraden**

Untersuchen Sie die beiden Geraden jeweils auf Parallelität.

a) $g: \vec{x} = \begin{pmatrix} 2 \\ 1 \\ 3 \end{pmatrix} + t \cdot \begin{pmatrix} 4 \\ -1 \\ 2 \end{pmatrix}$ und $h: \vec{x} = \begin{pmatrix} 3 \\ 1 \\ 6 \end{pmatrix} + s \cdot \begin{pmatrix} -8 \\ 2 \\ -4 \end{pmatrix}$

b) $i: \vec{x} = \begin{pmatrix} 0 \\ 5 \\ 2 \end{pmatrix} + t \cdot \begin{pmatrix} 3 \\ 1 \\ 2 \end{pmatrix}$ und $j: \vec{x} = \begin{pmatrix} 1 \\ 4 \\ 7 \end{pmatrix} + s \cdot \begin{pmatrix} 9 \\ 3 \\ 5 \end{pmatrix}$

*Lösung:*

a) $\begin{pmatrix} -8 \\ 2 \\ -4 \end{pmatrix} = k \cdot \begin{pmatrix} 4 \\ -1 \\ 2 \end{pmatrix} \Rightarrow k = -2 \Rightarrow$ g und h sind parallel.

> **TIPP** Wenn die Richtungsvektoren zweier Geraden ein Vielfaches voneinander sind, verlaufen die zwei Geraden parallel zueinander.

Man kann zusätzlich noch untersuchen, ob die Geraden identisch sind.
Punktprobe mit dem Stützpunkt P(3|1|6) von h in g:
$2 + 4t = 3 \Rightarrow 4t = 1 \Rightarrow t = 0,25$
$1 - t = 1 \Rightarrow t = 0$
$3 + 2t = 6 \Rightarrow 2t = 3 \Rightarrow t = 1,5$
Wegen der unterschiedlichen Parameterwerte liegt der Punkt P nicht auf g.
Also sind die Geraden nicht identisch.

b) $\begin{pmatrix} 9 \\ 3 \\ 5 \end{pmatrix} = k \cdot \begin{pmatrix} 3 \\ 1 \\ 2 \end{pmatrix} \Rightarrow \begin{array}{l} 9 = 3k \Rightarrow k = 3 \\ 3 = k \Rightarrow k = 3 \\ 5 = 2k \Rightarrow k = 2,5 \end{array}$

Wegen $3 \neq 2,5$ sind i und j nicht parallel.

**Schnittpunkt zweier Geraden**

Ermitteln Sie den Schnittpunkt der Geraden
$g: \vec{x} = \begin{pmatrix} 1 \\ 0 \\ -3 \end{pmatrix} + t \cdot \begin{pmatrix} 1 \\ 1 \\ 6 \end{pmatrix}$ und $h: \vec{x} = \begin{pmatrix} 3 \\ 4 \\ 5 \end{pmatrix} + t \cdot \begin{pmatrix} 1 \\ 3 \\ 2 \end{pmatrix}$.

*Lösung:*

> **TIPP** Wenn zwei Geradengleichungen denselben Parameter enthalten, muss man beim Gleichsetzen einen der Parameter umbenennen.

Durch Gleichsetzen folgt:
$x_1: \quad 1 + t = 3 + s \quad (1)$
$x_2: \quad\quad\; t = 4 + 3s \quad (2)$
$x_3: \; -3 + 6t = 5 + 2s \quad (3)$

> **TIPP** Beim Umformen des Gleichungssystems kommen die Variablen auf die linke Seite, die Zahlen auf die rechte Seite.

Durch Umformen ergibt sich das Gleichungssystem:
I $\quad t - s = 2$
II $\quad t - 3s = 4$
III $\quad 6t - 2s = 8$
Man kann mit dem Additionsverfahren arbeiten. Aus I · (−1) + II folgt:
$-2s = 2 \implies s = -1$
Mit $s = -1$ in I folgt:
$t + 1 = 2 \implies t = 1$

> **TIPP** Hat man bereits eine Variable erhalten, kann man die andere Variable durch Einsetzen ermitteln.

Probe in III (diese Gleichung hat man bisher nicht verwendet):
$6 \cdot 1 - 2 \cdot (-1) = 6 + 2 = 8$ stimmt
Mit $t = 1$ folgt aus den linken Seiten der Gleichungen (1), (2) und (3):
$S(2 \mid 1 \mid 3)$
Kontrolle mit $s = -1$ in den rechten Seiten von (1), (2) und (3):
$S(2 \mid 1 \mid 3)$ stimmt
Antwort: Die zwei Geraden haben den Schnittpunkt $S(2 \mid 1 \mid 3)$.

### Parametergleichung einer Ebene durch drei Punkte
Die Ebene E enthält die Punkte $A(1 \mid 4 \mid 2)$, $B(3 \mid 1 \mid 9)$ und $C(6 \mid 8 \mid 5)$.
Ermitteln Sie eine Parametergleichung der Ebene E.

*Lösung:*

$$E: \vec{x} = \begin{pmatrix} 1 \\ 4 \\ 2 \end{pmatrix} + t \cdot \begin{pmatrix} 2 \\ -3 \\ 7 \end{pmatrix} + s \cdot \begin{pmatrix} 5 \\ 4 \\ 3 \end{pmatrix}$$

> **TIPP** Drei Punkte A, B und C bestimmen eine Ebene mit der Gleichung
> $E: \vec{x} = \overrightarrow{OA} + t \cdot \overrightarrow{AB} + s \cdot \overrightarrow{AC}$.

### Von der Parametergleichung einer Ebene zur Koordinatengleichung
Bestimmen Sie zur folgenden Ebene eine Koordinatengleichung:

$$F: \vec{x} = \begin{pmatrix} 1 \\ 2 \\ 0 \end{pmatrix} + t \cdot \begin{pmatrix} 2 \\ -3 \\ 4 \end{pmatrix} + s \cdot \begin{pmatrix} 3 \\ 2 \\ 1 \end{pmatrix}$$

*Lösung:*
Man bestimmt einen Normalenvektor der Ebene:

$\begin{array}{l} -3 \\ 4 \\ 2 \\ -3 \end{array} \times \begin{array}{l} 2 \\ 1 \\ 3 \\ 2 \end{array}$
$\quad (-3) \cdot 1 - 4 \cdot 2 = -3 - 8 = -11$
$\quad 4 \cdot 3 - 2 \cdot 1 = 12 - 2 = 10 \quad \Rightarrow \quad \vec{n} = \begin{pmatrix} -11 \\ 10 \\ 13 \end{pmatrix}$
$\quad 2 \cdot 2 - (-3) \cdot 3 = 4 + 9 = 13$

F: $-11x_1 + 10x_2 + 13x_3 = d$
Punktprobe mit dem Stützpunkt $(1|2|0)$:
$-11 + 20 + 0 = d \quad \Rightarrow \quad d = 9$, also
F: $-11x_1 + 10x_2 + 13x_3 = 9$

> **TIPP** Aus den zwei Spannvektoren der Ebene erhält man mit dem Vektorprodukt einen Normalenvektor der Ebene.
> Um die Konstante d zu erhalten, macht man eine Punktprobe mit dem Stützpunkt.

**Gegenseitige Lage von Gerade und Ebene**

Untersuchen Sie jeweils die gegenseitige Lage der Geraden g und der Ebene E:

**a)** $g: \vec{x} = \begin{pmatrix} 0 \\ 1 \\ 2 \end{pmatrix} + t \cdot \begin{pmatrix} 3 \\ -1 \\ 2 \end{pmatrix}$ und E: $3x_1 + 4x_2 - 2x_3 = 1$

**b)** $g: \vec{x} = \begin{pmatrix} 7 \\ 2 \\ 5 \end{pmatrix} + t \cdot \begin{pmatrix} 2 \\ -1 \\ 2 \end{pmatrix}$ und E: $4x_1 + 2x_2 - 3x_3 = 16$

**c)** $g: \vec{x} = \begin{pmatrix} 0 \\ 2 \\ 0 \end{pmatrix} + s \cdot \begin{pmatrix} 5 \\ 0 \\ 5 \end{pmatrix}$ und E: $x_1 - x_3 = 0$

*Lösung:*

> **TIPP** Plan der Lösung:
> 1. Schritt: Die Geradengleichung wird nach $x_1$, $x_2$ und $x_3$ getrennt notiert.
> 2. Schritt: Diese drei Terme werden in die Ebenengleichung eingesetzt.
> 3. Schritt: Die Lösung dieser Gleichung wird gedeutet.

**a)** 1. Schritt: $x_1 = 3t$
$\qquad\qquad x_2 = 1 - t$
$\qquad\qquad x_3 = 2 + 2t$

2. Schritt: $3 \cdot 3t + 4 \cdot (1-t) - 2 \cdot (2 + 2t) = 1$
$\qquad\qquad\qquad 9t + 4 - 4t - 4 - 4t = 1$
$\qquad\qquad\qquad\qquad\qquad\qquad t = 1$

3. Schritt: Man setzt t = 1 in die Terme des 1. Schritts ein. Es entsteht S(3|0|4). Die Gerade g und die Ebene E schneiden sich in diesem Punkt.

b) 1. Schritt: $x_1 = 7 + 2t$
$x_2 = 2 - t$
$x_3 = 5 + 2t$

2. Schritt: $4 \cdot (7 + 2t) + 2 \cdot (2 - t) - 3 \cdot (5 + 2t) = 16$
$28 + 8t + 4 - 2t - 15 - 6t = 16$
$17 = 16$    stimmt nicht

3. Schritt: Die Gleichung stimmt nicht. g und E haben also keine gemeinsamen Punkte. Dies bedeutet: Die Gerade g und die Ebene E sind parallel zueinander.

c) 1. Schritt: $x_1 = 5s$
$x_2 = 2$
$x_3 = 5s$

2. Schritt: $5s - 5s = 0$    stimmt für jedes s
$0 = 0$    stimmt

3. Schritt: Die Gleichung stimmt. Dies bedeutet: Die Gerade g liegt in der Ebene E.

**TIPP** Deutung des Ergebnisses:
Einen Wert für den Parameter zu finden, bedeutet, es gibt einen Schnittpunkt.
Ergibt sich eine Gleichung, die nicht stimmt, bedeutet dies Parallelität.
Wenn die Gleichung stimmt, liegt die Gerade in der Ebene.

**Abstand Punkt – Ebene**

Ermitteln Sie den Abstand des Punktes P(7|2|5) von der Ebene E: $2x_1 - x_2 + 2x_3 = 4$.

*Lösung:*

**TIPP** Plan der Lösung:
1. Schritt: Lotgerade aufstellen
2. Schritt: Schnittpunkt bestimmen
3. Schritt: Abstand zweier Punkte

1. Schritt: Lotgerade g senkrecht zu E durch P.

$g: \vec{x} = \begin{pmatrix} 7 \\ 2 \\ 5 \end{pmatrix} + t \cdot \begin{pmatrix} 2 \\ -1 \\ 2 \end{pmatrix}$

**TIPP** Der Normalenvektor der Ebene wird Richtungsvektor der Lotgeraden, der Punkt P wird der Stützpunkt.

2. Schritt: Der Schnittpunkt von g und E ist der Lotfußpunkt L.

$x_1 = 7 + 2t$
$x_2 = 2 - t$
$x_3 = 5 + 2t$

Eingesetzt in E:
$2 \cdot (7 + 2t) - (2 - t) + 2 \cdot (5 + 2t) = 4$
$14 + 4t - 2 + t + 10 + 4t = 4$
$22 + 9t = 4$
$9t = -18$
$t = -2$

Eingesetzt in die Terme oben erhält man L(3|4|1).

3. Schritt: Abstand der Punkte L(3|4|1) und P(7|2|5) ermitteln.

$\overline{LP} = \sqrt{(7-3)^2 + (2-4)^2 + (5-1)^2} = \sqrt{16 + 4 + 16} = \sqrt{36} = 6$

Antwort: d(P, E) = 6

**Besondere Lage von Ebenen erkennen**

Welche besondere Lage haben die folgenden Ebenen?

a) E: $3x_1 + 4x_2 = 12$
b) F: $5x_1 + 6x_3 = 30$
c) G: $x_3 = 4$
d) H: $x_1 = 2$

*Lösung:*

a) E ist parallel zur $x_3$-Achse.
b) F ist parallel zur $x_2$-Achse.
c) G ist parallel zur $x_1x_2$-Ebene.
d) H ist parallel zur $x_2x_3$-Ebene.

> **TIPP** Wenn in der Koordinatengleichung einer Ebene *eine* Koordinate fehlt, dann ist die Ebene *parallel* zur entsprechenden Koordinaten*achse*.
> Wenn in der Koordinatengleichung einer Ebene *zwei* Koordinaten fehlen, dann ist die Ebene *parallel* zur entsprechenden Koordinaten*ebene*.

## Übungsaufgaben Geometrie

### Gerade durch zwei Punkte

1. Stellen Sie eine Gleichung der Geraden auf, die durch die Punkte $P(4|2|7)$ und $Q(6|5|8)$ geht. Benennen Sie den Stützvektor und den Richtungsvektor.

### Punktprobe bei einer Geraden

2. Gegeben ist die Gerade $g: \vec{x} = \begin{pmatrix} 4 \\ 2 \\ 7 \end{pmatrix} + t \cdot \begin{pmatrix} 2 \\ 3 \\ 1 \end{pmatrix}$.

   Prüfen Sie, ob die Punkte $C(6|5|8)$ bzw. $D(0|-4|3)$ auf der Geraden g liegen.

### Parallelität von Geraden

3. Zeigen Sie, dass die Geraden g und h parallel sind:

   $g: \vec{x} = \begin{pmatrix} 3 \\ 1 \\ 2 \end{pmatrix} + t \cdot \begin{pmatrix} 2 \\ -1 \\ 3 \end{pmatrix}$ und $h: \vec{x} = \begin{pmatrix} 5 \\ 0 \\ -1 \end{pmatrix} + s \cdot \begin{pmatrix} -6 \\ 3 \\ -9 \end{pmatrix}$

### Schnittpunkt zweier Geraden

4. Ermitteln Sie den Schnittpunkt der Geraden

   $g: \vec{x} = \begin{pmatrix} -1 \\ -2 \\ 0 \end{pmatrix} + t \cdot \begin{pmatrix} 6 \\ 1 \\ 2 \end{pmatrix}$ und $h: \vec{x} = \begin{pmatrix} 3 \\ 2 \\ 1 \end{pmatrix} + t \cdot \begin{pmatrix} 2 \\ -3 \\ 1 \end{pmatrix}$.

### Parametergleichung einer Ebene durch drei Punkte

5. Die Ebene E geht durch die Punkte $A(5|3|4)$, $B(7|4|8)$ und $C(9|5|6)$. Ermitteln Sie eine Parametergleichung der Ebene E.

### Von der Parametergleichung einer Ebene zur Koordinatengleichung

6. Ermitteln Sie eine Koordinatengleichung der Ebene

   $E: \vec{x} = \begin{pmatrix} 5 \\ 3 \\ 4 \end{pmatrix} + t \cdot \begin{pmatrix} 2 \\ 1 \\ 4 \end{pmatrix} + s \cdot \begin{pmatrix} 4 \\ 2 \\ 2 \end{pmatrix}$.

### Gegenseitige Lage von Gerade und Ebene

7. Untersuchen Sie jeweils die gegenseitige Lage der Geraden g und der Ebene E:

   a) $g: \vec{x} = \begin{pmatrix} 2 \\ 0 \\ 3 \end{pmatrix} + t \cdot \begin{pmatrix} 1 \\ -4 \\ 1 \end{pmatrix}$ und $E: 3x_1 - 2x_3 = 4$

   b) $g: \vec{x} = \begin{pmatrix} 1 \\ 3 \\ 2 \end{pmatrix} + t \cdot \begin{pmatrix} 6 \\ 4 \\ 5 \end{pmatrix}$ und $E: 5x_1 + 5x_2 - 10x_3 = 2$

**Abstand Punkt – Ebene**

 Ermitteln Sie den Abstand des Punktes Q(8|9|3) von der Ebene E: $3x_1 + 4x_2 = 10$.

**Besondere Lage von Ebenen erkennen**

9  Welche besondere Lage haben die folgenden Ebenen?

a) E: $5x_1 + 4x_2 = 10$  
b) F: $5x_2 + 6x_3 = 30$  
c) G: $x_2 = 5$  
d) H: $x_3 = 3$

# Lösungsvorschlag zu den Übungsaufgaben Geometrie

**1** Geradengleichung:

$$g: \vec{x} = \overrightarrow{OP} + t \cdot \overrightarrow{PQ}$$

$$g: \vec{x} = \underbrace{\begin{pmatrix} 4 \\ 2 \\ 7 \end{pmatrix}}_{\text{Stützvektor}} + t \cdot \underbrace{\begin{pmatrix} 2 \\ 3 \\ 1 \end{pmatrix}}_{\text{Richtungsvektor}}$$

**2** Punkt C:
$4 + 2t = 6 \quad \Rightarrow \quad 2t = 2 \quad \Rightarrow \quad t = 1$
$2 + 3t = 5 \quad \Rightarrow \quad 3t = 3 \quad \Rightarrow \quad t = 1$
$7 + t = 8 \quad\quad\quad\quad\quad\quad\quad \Rightarrow \quad t = 1$
Da alle drei Parameterwerte gleich sind, liegt der Punkt C auf g.

Punkt D:
$4 + 2t = 0 \quad \Rightarrow \quad 2t = -4 \quad \Rightarrow \quad t = -2$
$2 + 3t = -4 \quad \Rightarrow \quad 3t = -6 \quad \Rightarrow \quad t = -2$
$7 + t = 3 \quad\quad\quad\quad\quad\quad\quad \Rightarrow \quad t = -4$
Da nicht alle drei Parameterwerte gleich sind, liegt der Punkt D nicht auf g.

**3** $\begin{pmatrix} -6 \\ 3 \\ -9 \end{pmatrix} = k \cdot \begin{pmatrix} 2 \\ -1 \\ 3 \end{pmatrix} \quad \Rightarrow \quad k = -3 \quad \Rightarrow \quad$ g und h sind parallel.

Man kann noch untersuchen, ob die Geraden identisch sind. Punktprobe mit $P(5 \mid 0 \mid -1)$ in g:
$3 + 2t = 5 \quad \Rightarrow \quad 2t = 2 \quad \Rightarrow \quad t = 1$
$1 - t = 0 \quad\quad\quad\quad\quad\quad\quad \Rightarrow \quad t = 1$
$2 + 3t = -1 \quad \Rightarrow \quad 3t = -3 \quad \Rightarrow \quad t = -1$
Wegen $1 \neq -1$ liegt der Punkt P nicht auf g. Die zwei Geraden sind nicht identisch.

**4** Nach Umbenennen des Parameters von h folgt durch Gleichsetzen:
$-1 + 6t = 3 + 2s \quad (1)$
$-2 + t = 2 - 3s \quad (2)$
$\quad\;\; 2t = 1 + s \quad (3)$
oder:
I $\quad 6t - 2s = 4$
II $\quad t + 3s = 4$
III $\quad 2t - s = 1$

Aus II $\cdot (-2) + $ III folgt:
$-7s = -7 \quad \Rightarrow \quad s = 1$

Mit s = 1 in II folgt t + 3 = 4 oder t = 1.

Probe in I: $6 - 2 = 4$ stimmt

Mit t = 1 bzw. s = 1 in den linken bzw. rechten Seiten der Gleichungen (1), (2) und (3) folgt der Schnittpunkt S(5|−1|2).

**5** E: $\vec{x} = \overrightarrow{OA} + t \cdot \overrightarrow{AB} + s \cdot \overrightarrow{AC}$

E: $\vec{x} = \begin{pmatrix} 5 \\ 3 \\ 4 \end{pmatrix} + t \cdot \begin{pmatrix} 2 \\ 1 \\ 4 \end{pmatrix} + s \cdot \begin{pmatrix} 4 \\ 2 \\ 2 \end{pmatrix}$

**6** Man arbeitet mit dem Vektorprodukt:

$\begin{array}{l} \cancel{2} \quad \cancel{4} \\ 1 \times 2 \\ 4 \times 2 \\ 2 \times 4 \\ 1 \times 2 \\ \cancel{4} \quad \cancel{2} \end{array}$ $\quad \begin{array}{l} 1 \cdot 2 - 4 \cdot 2 = -6 \\ 4 \cdot 4 - 2 \cdot 2 = 12 \\ 2 \cdot 2 - 1 \cdot 4 = 0 \end{array}$ $\quad \Rightarrow \quad \vec{n} = \begin{pmatrix} -6 \\ 12 \\ 0 \end{pmatrix}$

E: $-6x_1 + 12x_2 + 0 \cdot x_3 = d$

Punktprobe mit (5|3|4):

$-6 \cdot 5 + 12 \cdot 3 = d \quad \Rightarrow \quad -30 + 36 = d \quad \Rightarrow \quad d = 6$

E: $-6x_1 + 12x_2 = 6$ oder geteilt durch (−6):

E: $x_1 - 2x_2 = -1$

**7** a) $x_1 = 2 + t$ (1)
$x_2 = -4t$ (2)
$x_3 = 3 + t$ (3)

Eingesetzt in E:
$3 \cdot (2 + t) - 2 \cdot (3 + t) = 4$
$6 + 3t - 6 - 2t = 4$
$t = 4$

Eingesetzt in (1), (2) und (3) erhält man den Schnittpunkt S(6|−16|7).

Antwort: Die Gerade schneidet die Ebene.

b) $x_1 = 1 + 6t$
$x_2 = 3 + 4t$
$x_3 = 2 + 5t$

Eingesetzt in E:
$5 \cdot (1 + 6t) + 5 \cdot (3 + 4t) - 10 \cdot (2 + 5t) = 2$
$5 + 30t + 15 + 20t - 20 - 50t = 2$
$20 + 50t - 20 - 50t = 2$
$0 = 2$   stimmt nicht

Dies bedeutet, dass es keinen gemeinsamen Punkt gibt.
Antwort: Die Gerade und die Ebene sind parallel.

**8** *1. Schritt:* Lotgerade g senkrecht zu E durch Q. Der Punkt Q wird Stützpunkt von g, der Normalenvektor von E wird Richtungsvektor von g.

g: $\vec{x} = \begin{pmatrix} 8 \\ 9 \\ 3 \end{pmatrix} + t \cdot \begin{pmatrix} 3 \\ 4 \\ 0 \end{pmatrix}$

*2. Schritt:* Der Schnittpunkt von g und E ist der Lotfußpunkt L.
$x_1 = 8 + 3t$
$x_2 = 9 + 4t$
$x_3 = 3$

Eingesetzt in E:
$3 \cdot (8 + 3t) + 4 \cdot (9 + 4t) = 10$
$24 + 9t + 36 + 16t = 10$
$60 + 25t = 10$
$25t = -50$
$t = -2$

Eingesetzt in die Terme oben erhält man L(2|1|3).

*3. Schritt:* Abstand der Punkte L(2|1|3) und Q(8|9|3).
$\overline{LQ} = \sqrt{(8-2)^2 + (9-1)^2 + (3-3)^2} = \sqrt{36 + 64} = \sqrt{100} = 10$

Antwort: $d(Q, E) = 10$

**9** a) E ist parallel zur $x_3$-Achse.

b) F ist parallel zur $x_1$-Achse.

c) G ist parallel zur $x_1 x_3$-Ebene.

d) H ist parallel zur $x_1 x_2$-Ebene.

**Baden-Württemberg • Basisfach Mathematik**
Übungsaufgaben zu den Grundfertigkeiten • Stochastik

## Beispielaufgaben Stochastik

**Erwartungswert**

Bei einem Glücksspiel darf man gegen einen Einsatz von 3 € zwei Würfel werfen.
Fällt mindestens einmal die Augenzahl 1, erhält man seinen Einsatz zurück.
Zeigen beide Würfel die Augenzahl 6, erhält man 66 € ausbezahlt.
Bestimmen Sie den Gewinn, mit dem der Anbieter des Spiels nach 1 000 Spielen rechnen kann.

*Lösung:*
(1) Zufallsgröße X festlegen
 X: Betrag, der bei einem Spiel ausgezahlt wird, in Euro
(2) Werte, die X annehmen kann, ermitteln
 X kann die Werte 66, 3 und 0 annehmen.
(3) Wahrscheinlichkeiten für diese Werte ermitteln

$$P(X=66) = \underbrace{\frac{1}{6}}_{6} \cdot \underbrace{\frac{1}{6}}_{6} = \frac{1}{36}$$

$$P(X=3) = \underbrace{\frac{1}{6}}_{1} \cdot \underbrace{\frac{5}{6}}_{1} + \underbrace{\frac{5}{6}}_{1} \cdot \underbrace{\frac{1}{6}}_{1} + \underbrace{\frac{1}{6}}_{1} \cdot \underbrace{\frac{1}{6}}_{1} = \frac{11}{36}$$

Für den letzten Fall verwendet man, dass die Gesamtwahrscheinlichkeit 1 ist:

$$P(X=0) = 1 - \frac{1}{36} - \frac{11}{36} = \frac{24}{36} = \frac{2}{3}$$

(4) Erwartungswert von X ermitteln
 Dazu werden die Produkte aus Wert und zugehöriger Wahrscheinlichkeit addiert:

$$E(X) = 66 \cdot \frac{1}{36} + 3 \cdot \frac{11}{36} + 0 \cdot \frac{2}{3} = \frac{99}{36} = \frac{11}{4} = 2,75$$

**TIPP** Die Wahrscheinlichkeit P(X=0) muss eigentlich nicht bestimmt werden, da diese in der Berechnung des Erwartungswerts mit 0 multipliziert wird und damit keinen Beitrag liefert. Das entsprechende Produkt kann dann in der Berechnung von E(X) weggelassen werden.

(5) Interpretation des Ergebnisses (unter Berücksichtigung des Einsatzes):
Durchschnittlich werden bei einem Spiel 2,75 € ausgezahlt. Zieht man das vom Einsatz ab, verbleiben für den Anbieter 3 € − 2,75 € = 0,25 € pro Spiel.
Bei 1 000 Spielen kann er also mit 1 000 · 0,25 € = 250 € Gewinn rechnen.

> **TIPP** Ein Spiel wird als *fair* bezeichnet, wenn der zu erwartende Gewinn null beträgt. Dies wäre hier der Fall, wenn E(X) abzüglich des Einsatzes null ergäbe.

### Binomialverteilung ohne Taschenrechner, Formel von Bernoulli

In einer Urne liegen drei Kugeln, davon zwei weiße und eine schwarze.

**a)** Es wird 4-mal mit Zurücklegen gezogen. Ermitteln Sie die Wahrscheinlichkeiten der folgenden Ereignisse:
- Es wird genau eine schwarze Kugel gezogen.
- Es werden genau zwei weiße Kugeln gezogen.
- Es wird mindestens eine schwarze Kugel gezogen.

**b)** Geben Sie ein Ereignis im Sachzusammenhang an, dessen Wahrscheinlichkeit mit dem folgenden Term berechnet werden kann:

$$1 - 8 \cdot \frac{1}{3} \cdot \left(\frac{2}{3}\right)^7 - \left(\frac{2}{3}\right)^8$$

*Lösung:*

**a)** Zufallsgröße X: Anzahl der gezogenen schwarzen Kugeln
X ist binomialverteilt mit Kettenlänge n = 4 und Trefferwahrscheinlichkeit $p = \frac{1}{3}$.
Zufallsgröße Y: Anzahl der gezogenen weißen Kugeln
Y ist binomialverteilt mit Kettenlänge n = 4 und Trefferwahrscheinlichkeit $p = \frac{2}{3}$.

Es wird genau eine schwarze Kugel gezogen:

$$P(X = 1) = \binom{4}{1} \cdot \left(\frac{1}{3}\right)^1 \cdot \left(\frac{2}{3}\right)^3 = 4 \cdot \frac{1}{3} \cdot \frac{8}{27} = \frac{32}{81}$$

Es werden genau zwei weiße Kugeln gezogen:

$$P(Y = 2) = \binom{4}{2} \cdot \left(\frac{2}{3}\right)^2 \cdot \left(\frac{1}{3}\right)^2 = \frac{4 \cdot 3}{1 \cdot 2} \cdot \frac{4}{9} \cdot \frac{1}{9} = \frac{8}{27}$$

Es wird mindestens eine schwarze Kugel gezogen:

$$P(X \geq 1) = 1 - P(X = 0) = 1 - \binom{4}{0} \cdot \left(\frac{1}{3}\right)^0 \cdot \left(\frac{2}{3}\right)^4 = 1 - 1 \cdot 1 \cdot \frac{16}{81} = 1 - \frac{16}{81} = \frac{65}{81}$$

> **TIPP** Für den Binomialkoeffizienten $\binom{n}{k}$ gelten folgende Regeln:
> $\binom{n}{0} = 1$ $\binom{n}{1} = n$ $\binom{n}{2} = \frac{n \cdot (n-1)}{1 \cdot 2}$ $\binom{n}{3} = \frac{n \cdot (n-1) \cdot (n-2)}{1 \cdot 2 \cdot 3}$ usw.
> $\binom{n}{n-1} = \binom{n}{1}$ $\binom{n}{n-2} = \binom{n}{2}$ $\binom{n}{n-3} = \binom{n}{3}$ usw. Beispiel: $\binom{100}{99} = \binom{100}{1} = 100$

**b)** Der Term lässt sich auch so schreiben:

$$1-\binom{8}{1}\cdot\left(\frac{1}{3}\right)^1\cdot\left(\frac{2}{3}\right)^7-\binom{8}{0}\cdot\left(\frac{1}{3}\right)^0\cdot\left(\frac{2}{3}\right)^8$$

Daran erkennt man zunächst, dass 8-mal mit Zurücklegen gezogen wird und die Trefferwahrscheinlichkeit $\frac{1}{3}$ beträgt.

Die zwei Terme, die von 1 abgezogen werden, entstehen aus der Bernoulli-Formel. Der erste steht für die Wahrscheinlichkeit, dass genau 1 schwarze Kugel gezogen wird, und der zweite für die Wahrscheinlichkeit, dass 0 schwarze Kugeln gezogen werden. Da diese Wahrscheinlichkeiten von 1 abgezogen werden, bleibt die Wahrscheinlichkeit aller anderen möglichen Anzahlen gezogener schwarzer Kugeln übrig. Dies sind die Anzahlen 2, 3, 4, 5, 6, 7 und 8. Insgesamt wird also die Wahrscheinlichkeit des folgenden Ereignisses berechnet:

Beim 8-maligen Ziehen mit Zurücklegen wird mindestens 2-mal eine schwarze Kugel gezogen.

### Binomialverteilung mit Taschenrechner

Bei der Herstellung von Schrauben haben erfahrungsgemäß 2 % der Schrauben ein defektes Gewinde und müssen aussortiert werden.

**a)** Es werden 1 000 Schrauben hergestellt. Bestimmen Sie die Wahrscheinlichkeiten folgender Ereignisse:
A: Genau 20 Schrauben haben ein defektes Gewinde.
B: Höchstens 20 Schrauben haben ein defektes Gewinde.
C: Mindestens 980 Schrauben haben ein intaktes Gewinde.

**b)** Ermitteln Sie, wie viele Schrauben mindestens hergestellt werden müssen, damit mit einer Wahrscheinlichkeit von mindestens 95 % mindestens 1 000 intakte Schrauben darunter sind.

*Lösung:*

**a)** Zufallsgröße X: Anzahl Schrauben mit defektem Gewinde
X ist binomialverteilt mit n = 1 000 und p = 0,02.

Zufallsgröße Y: Anzahl Schrauben mit intaktem Gewinde
Y ist binomialverteilt mit n = 1 000 und p = 0,98.

Mithilfe des Taschenrechners folgt:
$P(A) = P(X = 20) = 0,08973... \approx 0,090$
$P(B) = P(X \leq 20) = 0,55909... \approx 0,559$
$P(C) = P(Y \geq 980) = 1 - P(Y \leq 979) = 1 - 0,4409... \approx 0,559$

➕ *Alternativlösung:* Das Ereignis „mindestens 980 Schrauben intakt" ist gleichbedeutend mit „höchstens 20 Schrauben defekt". Damit ist:
$P(C) = P(Y \geq 980) = P(X \leq 20) = P(B) = 0,55909... \approx 0,559$

**b)** Hier ist die Kettenlänge n gesucht („wie viele Schrauben ..."). 
Zufallsgröße Y: Anzahl Schrauben mit intaktem Gewinde 
Y ist binomialverteilt mit unbekanntem n und p = 0,98. 
Zunächst übersetzt man den Aufgabentext in eine mathematische Bedingung: 
$P(Y \geq 1000) \geq 0,95$ 
$1 - P(Y \leq 999) \geq 0,95 \quad |-1$ 
$-P(Y \leq 999) \geq -0,05 \quad |\cdot(-1)$ 
$P(Y \leq 999) \leq 0,05$ 

Mit dem Taschenrechner probiert man nun verschiedene Kettenlängen n aus, bis man einen Wert für n findet, für den erstmals $P(Y \leq 999) \leq 0,05$ gilt: 
n = 1027: $P(Y \leq 999) = 0,06555... \approx 0,066$ (noch nicht kleiner als 0,05) 
n = 1028: $P(Y \leq 999) = 0,04400... \approx 0,044$ (erstmals kleiner als 0,05) 
Das Ergebnis wird im Sachzusammenhang interpretiert. 
Antwort: Man muss mindestens 1028 Schrauben herstellen. 

**Normalverteilung ohne Taschenrechner**

Gegeben ist die Glockenkurve einer normalverteilten Zufallsgröße X:

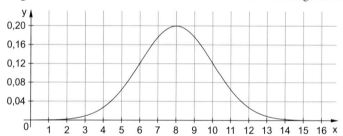

**a)** Ermitteln Sie den Erwartungswert und die Standardabweichung von X.

**b)** Bestimmen Sie näherungsweise die Wahrscheinlichkeit $P(6 \leq X \leq 10)$.

*Lösung:*

**a)** Den Erwartungswert µ findet man im Graphen an der Stelle, an der sich das Maximum befindet. Man liest µ = 8 ab.

Die Standardabweichung σ ist im Graphen als Abstand der Maximumstelle von den Wendestellen erkennbar. Die Maximumstelle liegt bei x = 8, die Wendestellen bei x = 6 und x = 10. Diese haben jeweils den Abstand 2 von der Maximumstelle. Somit ergibt sich σ = 2.

**b)** Die zu bestimmende Wahrscheinlichkeit entspricht dem Flächeninhalt der grau getönten Fläche zwischen Kurve und x-Achse im Bereich $6 \leq x \leq 10$:

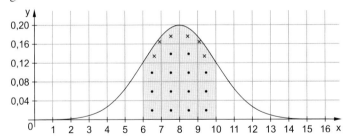

Man ermittelt den Flächeninhalt durch Abzählen der Kästchen. Dabei kann man so vorgehen: Jedes vollständig innerhalb der Fläche liegende Kästchen zählt man ganz (die mit • markierten Kästchen) und jedes teilweise in der Fläche liegende Kästchen halb (die mit x markierten Kästchen).
Es ergeben sich 14 ganze und 6 halbe Kästchen, also $14 + 6 \cdot 0{,}5 = 17$ Kästchen.

Jedes Kästchen hat einen Flächeninhalt von $1 \cdot 0{,}04 = 0{,}04$ (Rechteck mit Breite 1 und Höhe 0,04). Damit erhält man als Näherungswert für den Flächeninhalt der grauen Fläche: $17 \cdot 0{,}04 = 0{,}68$

Antwort: $P(6 \leq X \leq 10) \approx 0{,}68$

**Normalverteilung mit Taschenrechner**

In einem Betrieb wird Mehl in Packungen abgefüllt, auf denen die enthaltene Menge mit 1 000 g angegeben wird. Jedoch schwankt die tatsächlich enthaltene Menge um diesen Wert. Sie kann als normalverteilt angenommen werden mit Erwartungswert 1 000 und Standardabweichung 4 (jeweils in g).
Ermitteln Sie die Wahrscheinlichkeiten der folgenden Ereignisse für eine zufällig ausgewählte Packung Mehl:
A: Die enthaltene Menge weicht um höchstens 5 g von der angegebenen Menge ab.
B: Es ist weniger als 995 g Mehl enthalten.
C: Die enthaltene Menge weicht um mehr als 10 g von der angegebenen Menge ab.

*Lösung:*
Zufallsgröße X: in der Packung enthaltene Menge Mehl in Gramm
X ist normalverteilt mit $\mu = 1000$ und $\sigma = 4$.
Mithilfe des Taschenrechners erhält man:
$P(A) = P(1\,000 - 5 \leq X \leq 1\,000 + 5) = P(995 \leq X \leq 1\,005) = 0{,}7887\ldots \approx 0{,}789$
$P(B) = P(X < 995) = 0{,}1056\ldots \approx 0{,}106$
$P(C) = P(X > 1\,010 \text{ oder } X < 990) = P(X > 1\,010) + P(X < 990)$
$\qquad\qquad\qquad\qquad\qquad\qquad\qquad = 0{,}00620\ldots + 0{,}00620\ldots \approx 0{,}0124$

⊞ *Alternativlösung für Ereignis C:*
$P(C) = 1 - P(990 \leq X \leq 1\,010) = 1 - 0{,}98758\ldots \approx 0{,}0124$

# Übungsaufgaben Stochastik

## Erwartungswert

**1** Für 1,50 € Einsatz darf man einen Würfel werfen. Fällt eine 1, erhält man den Einsatz zurück, fällt eine 6, erhält man 6 € ausbezahlt. Bestimmen Sie den Gewinn, mit dem der Anbieter des Spiels nach 400 Spielen rechnen kann.

**2** Zwei gleichartige Glücksräder haben jeweils vier gleich große Sektoren in den Farben Weiß, Blau, Gelb und Rot. Für 1 € Einsatz darf man beide Glücksräder drehen. Bleiben beide auf derselben Farbe stehen, erhält man seinen Einsatz zurück. Ist diese Farbe Rot, erhält man zudem noch 12 € ausbezahlt.
Zeigen Sie, dass das Spiel fair ist.

## Binomialverteilung ohne Taschenrechner, Formel von Bernoulli

**3** Eine Münze wird 5-mal geworfen.

a) Berechnen Sie die Wahrscheinlichkeit, dass genau 2-mal Wappen fällt.

b) Berechnen Sie die Wahrscheinlichkeit, dass mindestens 2-mal Wappen fällt.

**4** Ein Würfel wird mehrfach hintereinander geworfen.
Geben Sie ein Ereignis im Sachzusammenhang an, dessen Wahrscheinlichkeit durch den folgenden Term berechnet werden kann:

$$7 \cdot \left(\frac{1}{6}\right) \cdot \left(\frac{5}{6}\right)^6 + \binom{7}{2} \cdot \left(\frac{1}{6}\right)^2 \cdot \left(\frac{5}{6}\right)^5$$

## Binomialverteilung mit Taschenrechner

**5** Ein Glücksrad hat fünf gleich große Sektoren, von denen vier weiß sind und einer rot ist. Nach jedem Drehen bleibt das Rad zufällig auf einem Sektor stehen.

a) Das Glücksrad wird 50-mal gedreht.
Berechnen Sie die Wahrscheinlichkeiten der folgenden Ereignisse:
A: Es bleibt genau 10-mal auf dem roten Sektor stehen.
B: Es bleibt weniger als 10-mal auf dem roten Sektor stehen.
C: Es bleibt mehr als 10-mal auf dem roten Sektor stehen.

b) Ermitteln Sie, wie oft man das Glücksrad mindestens drehen muss, damit es mit einer Wahrscheinlichkeit von mindestens 90 % mehr als einmal auf dem roten Sektor stehen bleibt.

**6** Bei einer Bürgermeisterwahl haben 57,2 % der Wähler Kandidat K gewählt.

a) Nach der Wahl werden zufällig 100 Wähler nach ihrem Wahlverhalten befragt.
Ermitteln Sie die Wahrscheinlichkeiten der folgenden Ereignisse:
A: Genau die Hälfte der Befragten hat Kandidat K gewählt.
B: Weniger als 40 Befragte haben Kandidat K nicht gewählt.
C: Mindestens 70 Befragte haben Kandidat K gewählt.

b) Ermitteln Sie, wie viele Wähler man höchstens befragen darf, um mit einer Wahrscheinlichkeit von mindestens 95 % höchstens fünf darunter zu finden, die Kandidat K nicht gewählt haben.

### Normalverteilung ohne Taschenrechner

 7 Die Zufallsgröße X ist normalverteilt mit $\mu = 12$ und $\sigma = 4$. Ein Ausschnitt der zugehörigen Glockenkurve ist gegeben. Die y-Achse befindet sich links außerhalb des dargestellten Bereichs, die Skalierung der x-Achse ist ohne Zahlen dargestellt.

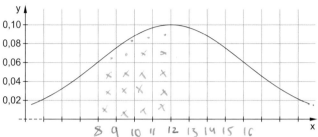

a) Tragen Sie in der Abbildung die Zahlen an der x-Achse ein.

b) Ermitteln Sie näherungsweise die Wahrscheinlichkeit $P(8 \leq X \leq 12)$.

 8 Die Zufallsgrößen X und Y sind normalverteilt und haben beide den Erwartungswert $\mu = 5$. Die Standardabweichung von X ist $\sigma = 2$, die von Y ist $\sigma = 1$. Skizzieren Sie die zu X und Y gehörenden Glockenkurven in ein gemeinsames Koordinatensystem und erläutern Sie Ihr Vorgehen.

### Normalverteilung mit Taschenrechner

 9 Eine Zufallsgröße X ist normalverteilt mit $\mu = 25$ und $\sigma = 5$.
Bestimmen Sie die folgenden Wahrscheinlichkeiten:

a) $P(25 \leq X \leq 35)$

b) $P(X \geq 20)$

10 Eine Firma stellt Garnrollen her, auf denen die Länge des aufgerollten Garns mit 400 m angegeben wird. Tatsächlich schwankt die Länge normalverteilt um den angegebenen Wert, wobei die durchschnittliche Abweichung davon 0,5 m beträgt. Bestimmen Sie die Wahrscheinlichkeiten der folgenden Ereignisse, die sich jeweils auf eine zufällig ausgewählte Rolle Garn beziehen:

A: Die Länge weicht um mehr als 1 m von der angegebenen Länge ab.

B: Die Länge weicht um höchstens 10 cm von der angegebenen Länge ab.

# Lösungsvorschlag zu den Übungsaufgaben Stochastik

**1** Zufallsgröße X: Auszahlungsbetrag in Euro
Mögliche Werte für X: 6, 1,50 und 0

$P(X=6) = \dfrac{1}{6}$  $\quad P(X=1,5) = \dfrac{1}{6}$  $\quad P(X=0) = \dfrac{4}{6}$

$E(X) = 6 \cdot \dfrac{1}{6} + 1,5 \cdot \dfrac{1}{6} + 0 \cdot \dfrac{4}{6} = 1 + \dfrac{1}{4} = 1,25$

Zu erwartender Gewinn pro Spiel: $1,50 - 1,25 = 0,25$

$400 \cdot 0,25 = 100$

Bei 400 Spielen sind 100 € Gewinn für den Anbieter zu erwarten.

**2** Zufallsgröße X: Auszahlungsbetrag in Euro
Mögliche Werte für X: 13, 1 und 0

$P(X=13) = \underbrace{\dfrac{1}{4}}_{R} \cdot \underbrace{\dfrac{1}{4}}_{R} = \dfrac{1}{16}$

$P(X=1) = \underbrace{\dfrac{1}{4}}_{W} \cdot \underbrace{\dfrac{1}{4}}_{W} + \underbrace{\dfrac{1}{4}}_{B} \cdot \underbrace{\dfrac{1}{4}}_{B} + \underbrace{\dfrac{1}{4}}_{G} \cdot \underbrace{\dfrac{1}{4}}_{G} = \dfrac{3}{16}$

$E(X) = 13 \cdot \dfrac{1}{16} + 1 \cdot \dfrac{3}{16} = \dfrac{16}{16} = 1$

$E(X) - \text{Einsatz} = 1 - 1 = 0$

Das Spiel ist fair, weil der Erwartungswert abzüglich des Einsatzes null ist.

**3** Zufallsgröße X: Anzahl Wappen
X ist binomialverteilt mit $n=5$ und $p=\dfrac{1}{2}$.

a) $P(X=2) = \dbinom{5}{2} \cdot \left(\dfrac{1}{2}\right)^2 \cdot \left(\dfrac{1}{2}\right)^3 = \dfrac{5 \cdot 4}{1 \cdot 2} \cdot \dfrac{1}{4} \cdot \dfrac{1}{8} = \dfrac{20}{64} = \dfrac{5}{16}$

b) $P(X \geq 2) = 1 - P(X \leq 1) = 1 - P(X=1) - P(X=0)$

$= 1 - \dbinom{5}{1} \cdot \left(\dfrac{1}{2}\right)^1 \cdot \left(\dfrac{1}{2}\right)^4 - \dbinom{5}{0} \cdot \left(\dfrac{1}{2}\right)^0 \cdot \left(\dfrac{1}{2}\right)^5$

$= 1 - 5 \cdot \dfrac{1}{2} \cdot \dfrac{1}{16} - 1 \cdot 1 \cdot \dfrac{1}{32}$

$= 1 - \dfrac{5}{32} - \dfrac{1}{32} = \dfrac{26}{32} = \dfrac{13}{16}$

**4** Der angegebene Term besteht aus zwei Termen, die addiert werden. Jeden dieser zwei Terme erhält man mit der Formel von Bernoulli. Der erste Term beschreibt beispielsweise, dass bei 7 Würfen genau einmal eine Sechs fällt, der zweite Term, dass bei 7 Würfen genau zweimal eine Sechs fällt.
Damit ist ein mögliches Ereignis:
„Bei 7 Würfen fällt einmal oder zweimal eine Sechs."
*Bemerkung:* Statt der Sechs kann man auch jede andere Augenzahl nehmen.

**5** Zufallsgröße X: Anzahl der Drehungen, bei denen das Glücksrad auf dem roten Sektor stehen bleibt

a) X ist binomialverteilt mit $n = 50$ und $p = \frac{1}{5} = 0,2$.
$P(A) = P(X = 10) = 0,1398\ldots \approx 0,140$
$P(B) = P(X < 10) = P(X \leq 9) = 0,4437\ldots \approx 0,444$
$P(C) = P(X > 10) = 1 - P(X \leq 10) = 1 - 0,58355\ldots \approx 0,416$

b) Es ist $p = 0,2$. Gesucht ist n. Es soll gelten:
$P(X > 1) \geq 0,9$
$1 - P(X \leq 1) \geq 0,9 \quad |-1$
$-P(X \leq 1) \geq -0,1 \quad |\cdot(-1)$
$P(X \leq 1) \leq 0,1$
Man findet durch Probieren mit dem Taschenrechner:
$n = 17$: $P(X \leq 1) = 0,1182\ldots$ (noch nicht $\leq 0,1$)
$n = 18$: $P(X \leq 1) = 0,0990\ldots$ (erstmals $\leq 0,1$)
Antwort: Man muss das Rad mindestens 18-mal drehen.

**6** a) Zufallsgröße X: Anzahl der Befragten, die Kandidat K gewählt haben
X ist binomialverteilt mit $n = 100$ und $p = 0,572$.
Zufallsgröße Y: Anzahl der Befragten, die Kandidat K nicht gewählt haben
Y ist binomialverteilt mit $n = 100$ und $p = 1 - 0,572 = 0,428$.
$P(A) = P(X = 50) = 0,0279\ldots \approx 0,028$
$P(B) = P(Y < 40) = P(Y \leq 39) = 0,2533\ldots \approx 0,253$
$P(C) = P(X \geq 70) = 1 - P(X \leq 69) = 1 - 0,99419\ldots \approx 0,0058$

b) Es ist $p = 0,428$. Gesucht ist n. Es soll gelten:
$P(Y \leq 5) \geq 0,95$
Man findet durch Probieren mit dem Taschenrechner:
$n = 7$: $P(Y \leq 5) = 0,9727\ldots$ (ist $\geq 0,95$)
$n = 8$: $P(Y \leq 5) = 0,9305\ldots$ (ist nicht $\geq 0,95$)
Antwort: Man darf höchstens 7 Wähler befragen.

**7** a) Da der Erwartungswert µ = 12 ist, liegt die Maximumstelle bei x = 12.
Mit der Standardabweichung σ = 4 lassen sich die Wendestellen ermitteln:
Sie liegen bei 12 − 4 = 8 und 12 + 4 = 16.
Damit lässt sich die x-Achse wie in der Abbildung dargestellt skalieren:

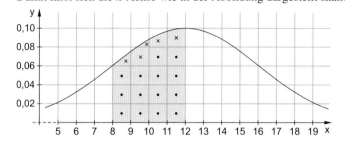

b) Die Wahrscheinlichkeit P(8 ≤ X ≤ 12) entspricht dem Inhalt der grauen Fläche zwischen dem Graphen und der x-Achse im Bereich zwischen x = 8 und x = 12.
Man zählt 14 ganze und 5 halbe Kästchen, also 14 + 2,5 = 16,5 Kästchen.
Ein Kästchen hat einen Flächeninhalt von 0,02 (Breite 1 und Höhe 0,02).
Also beträgt der Inhalt der grauen Fläche und damit die gesuchte Wahrscheinlichkeit etwa 16,5 · 0,02 = 0,33.

**8** Die Glockenkurven von X und Y haben ihre Maximumstelle beide beim Erwartungswert 5. Zudem liegen die Wendestellen jeweils im Abstand der Standardabweichung links und rechts vom gemeinsamen Erwartungswert 5.
Für den Graphen von X ergeben

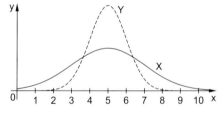

sich somit die Wendestellen 5 − 2 = 3 und 5 + 2 = 7. Beim Graphen von Y liegen sie bei 5 − 1 = 4 und 5 + 1 = 6. Dadurch wird der Graph von Y schmaler als der Graph von X. Sein Maximum muss deshalb auch größer sein als das Maximum von X, da beide Graphen mit der x-Achse eine Fläche mit dem Inhalt 1 einschließen, was der Gesamtwahrscheinlichkeit 1 entspricht.

**9** a) $P(25 \leq X \leq 35) = 0{,}4772\ldots \approx 0{,}477$

b) $P(X \geq 20) = 0{,}8413\ldots \approx 0{,}841$

**10** Zufallsgröße X: Länge des Garns in Meter
X ist normalverteilt mit µ = 400 und σ = 0,5.
$P(A) = P(X < 399 \text{ oder } X > 401) = 1 - P(399 \leq X \leq 401) = 1 - 0{,}9544\ldots \approx 0{,}046$
10 cm = 0,1 m. Daher gilt:
$P(B) = P(399{,}9 \leq X \leq 400{,}1) = 0{,}1585\ldots \approx 0{,}159$

# 1. PRÜFUNGSTEIL

## Was erwartet Sie in diesem Abschnitt?

Auf den folgenden Seiten finden Sie 16 Musteraufgaben zum ersten Prüfungsteil (Vortrag), davon acht Musteraufgaben zu Analysis, vier Musteraufgaben zu Geometrie und vier Musteraufgaben zu Stochastik.
Damit können Sie Teil 1 der Prüfung üben.

- Zur Auswahl einer passenden Aufgabe sind die abgefragten Prüfungsinhalte jeweils im Inhaltsverzeichnis und zu Beginn des Lösungsvorschlags zusammengefasst.
- Für die Bearbeitung einer Aufgabe haben Sie in der Prüfung 20 Minuten Vorbereitungszeit, um die Lösungen und Ihren Vortrag auszuarbeiten. Im Kopf der Aufgabe ist jeweils angegeben, ob Hilfsmittel (Taschenrechner, Merkhilfe) zugelassen sind, die Sie während der Vorbereitungszeit verwenden dürfen.
- Für den Vortrag selbst haben Sie 10 Minuten Zeit.
- In den Lösungsvorschlägen finden Sie nach jeder Aufgabe zuerst Notizen und Berechnungen, die Sie während Ihrer Vorbereitungszeit aufschreiben könnten.

🗣 kennzeichnet einen möglichen Vortragstext, also ausformulierte Erklärungen der Lösungen, wie Sie sie während der Prüfung vortragen könnten.

➕ kennzeichnet weitere Ergänzungen oder alternative Lösungen, die Sie zum Schluss des 1. Teils vortragen könnten.

*Beachte:* Für eine vollständige Lösung der Aufgabe sind diese Ergänzungen nicht notwendig. Sie sind aber trotzdem sinnvoll, da jede Ergänzung dazu beitragen kann, dass man eine bessere Note bekommt.

- Am Ende jeder Musteraufgabe zu Teil 1 wird jeweils auf eine mögliche Musteraufgabe zu Teil 2 verwiesen; so können Sie eine gesamte Prüfung simulieren.

Beachten Sie auch die ausführlichen Anregungen zur Arbeit mit diesem Buch ab Seite V vorne in diesem Buch.

**Baden-Württemberg • Basisfach Mathematik**
Mündliche Abiturprüfung • Teil 1 (Vortrag) • Analysis

**Musteraufgabe 1** (mit Taschenrechner, mit Merkhilfe)

In einer Kleinstadt verbreitet sich ein Gerücht.
Zu Beginn der Beobachtung (t=0) kennen bereits 100 Personen das Gerücht.
Die momentane Änderungsrate der Personen, die das Gerücht kennen, wird modellhaft beschrieben durch den folgenden Graphen einer Funktion f (Zeit t in Stunden, $t \geq 0$, f(t) in Personen pro Stunde):

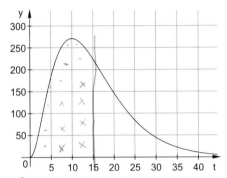

a) Geben Sie den Zeitpunkt an, zu dem sich das Gerücht am schnellsten verbreitet.

b) Ermitteln Sie den Zeitraum, in dem die momentane Änderungsrate größer als 200 ist. Deuten Sie das Ergebnis im Sachzusammenhang.

c) Bestimmen Sie, wie viele Personen nach 15 Stunden das Gerücht kennen.

d) Der Graph oben entstand aus dem Funktionsterm $f(t) = 20t^2 \cdot e^{-0,2t}$ (t in Stunden, $t \geq 0$, f(t) in Personen pro Stunde).
Zeigen Sie rechnerisch, dass die momentane Änderungsrate nach der 10. Stunde abnimmt. Folgt daraus, dass die Anzahl der Personen, die das Gerücht kennen, abnimmt? Begründen Sie Ihre Antwort.

e) Über eine ganzrationale Funktion g vierten Grades ist bekannt: Die Nullstellen befinden sich an den Stellen x=0 und x=2, der Graph von g verläuft nirgends unterhalb der x-Achse und der Punkt P(1|2) liegt auf dem Graphen von g.
Skizzieren Sie den Graphen von g im Bereich $-1 < x < 3$ und ermitteln Sie einen Funktionsterm.

⟹ Eine passende Musteraufgabe zu Teil 2 der Prüfung finden Sie auf Seite 133.

## Lösungsvorschlag

**Prüfungsinhalte** momentane Änderungsrate, Bestand und Integral, Exponentialfunktion, Nachweis von Monotonie, ganzrationale Funktion, Nullstelle, Funktionsterm ermitteln

**a)** Maximum bei $t = 10$

 Der gesuchte Zeitpunkt ist 10 Stunden nach Beobachtungsbeginn.

➕ Die momentane Änderungsrate beschreibt die Geschwindigkeit, mit der sich das Gerücht verbreitet. In den ersten zehn Stunden nimmt diese Geschwindigkeit schnell zu und erreicht bei $t = 10$ ihren größten Wert. Anschließend verlangsamt sich die Geschwindigkeit, mit der sich das Gerücht verbreitet. Nach etwa 45 Stunden wird sie so gering, dass man sie auch vernachlässigen könnte. Es erfahren dann kaum noch neue Personen von dem Gerücht.

**b)** Gesucht: t mit $f(t) > 200$

$f(t) = 200 \Rightarrow t_1 \approx 6;\ t_2 \approx 17$

 Man kann die waagerechte Gerade $y = 200$ einzeichnen. Sie verläuft entlang einer Gitternetzlinie und hat mit dem Graphen zwei Schnittpunkte, zwischen denen die Kurve oberhalb der Geraden verläuft.
Die zwei Schnittpunkte sind etwa an den Stellen 6 und 17. Man kann nur Näherungswerte ablesen.

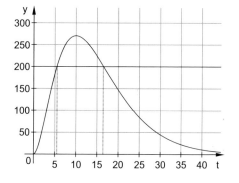

Die momentane Änderungsrate ist also etwa zwischen der 6. und der 17. Stunde größer als 200.

*Deutung:* Zwischen der 6. und 17. Stunde erfahren mehr als 200 Personen pro Stunde das Gerücht.

**c)** „nach 15 Stunden" $\triangleq$ bis $t = 15$; bei $t = 0$: 100 Personen

$100 + \int_0^{15} f(t)\,dt$ (Merkhilfe, Seite 6, Bestandsfunktion)

$\int_0^{15} f(t)\,dt$ entspricht Fläche mit 11 bis 12 Kästchen.

1 Kästchen $\hat{=}$ 250 Personen    $11,5 \cdot 250 = 2\,875$

$\Rightarrow 100 + 2\,875 = 2\,975$

Das Integral der momentanen Änderungsrate ergibt den Bestand. Hier beschreibt der Bestand die Anzahl der Personen, die das Gerücht kennen. Es geht um die ersten 15 Stunden, also um das Integral $\int_0^{15} f(t)\,dt$. Anschaulich entspricht es der Fläche zwischen Graph und t-Achse zwischen 0 und 15. Das Abzählen der Kästchen ergibt etwa 11 bis 12 ganze Kästchen, wenn man sinnvoll rundet. Ein Kästchen steht für $5 \cdot 50 = 250$ Personen, entsprechend der Länge und der Breite eines Kästchens. Wenn man mit 11,5 Kästchen arbeitet, erhält man 2 875. Die 100 Personen, die das Gerücht bereits zu Beginn kennen, muss man noch dazuaddieren. Nach 15 Stunden kennen also etwa 3 000 Personen das Gerücht.

**d)** $f'(t) \stackrel{?}{<} 0$    (Merkhilfe, Seite 5, Monotonie)

$f'(t) = (20t^2)' \cdot e^{-0,2t} + 20t^2 \cdot (e^{-0,2t})' = 40t \cdot e^{-0,2t} + 20t^2 \cdot (-0,2) \cdot e^{-0,2t}$

$\qquad\qquad\qquad\qquad\qquad\qquad\quad = 40t \cdot e^{-0,2t} - 4t^2 \cdot e^{-0,2t}$

$\qquad\qquad f'(t) < 0$

$40t \cdot e^{-0,2t} - 4t^2 \cdot e^{-0,2t} < 0$

$\qquad 4t \cdot e^{-0,2t} \cdot (10 - t) < 0 \qquad |: 4t \cdot e^{-0,2t} > 0$ (für $t > 0$)

$\qquad\qquad\qquad 10 - t < 0 \qquad |-10$

$\qquad\qquad\qquad\quad -t < -10 \qquad |\cdot(-1)$

$\qquad\qquad\qquad\qquad t > 10$ ✓

Die Änderungsrate sinkt zwar, aber ist positiv.
Die Anzahl der Personen nimmt **nicht** ab.

**TIPP** Wird eine Ungleichung mit einer negativen Zahl multipliziert oder durch eine negative Zahl dividiert, so „dreht sich das Ungleichheitszeichen um", aus < wird >, aus ≥ wird ≤ und umgekehrt.

Abnahme bedeutet monoton fallend. Die Bedingung hierfür ist, dass die erste Ableitung negativ ist. Man bildet die erste Ableitung und untersucht die Ungleichung $f'(t) < 0$. Durch gezielte Vereinfachungen erhält man $t > 10$. Für $t > 10$ ist also die erste Ableitung negativ, d. h., die momentane Änderungsrate nimmt ab.

Die momentane Änderungsrate ist aber stets positiv (Kurve verläuft oberhalb der t-Achse). Daher nimmt der Bestand, also die Anzahl der Personen, die das Gerücht kennen, ständig zu. Die Antwort auf die Frage in der Aufgabe lautet somit nein.

➕ Man kann die Ungleichung auch schrittweise durch positive Terme teilen:

$$40t \cdot e^{-0,2t} - 4t^2 \cdot e^{-0,2t} < 0 \quad |: e^{-0,2t} > 0$$
$$40t - 4t^2 < 0 \quad |: 4$$
$$10t - t^2 < 0 \quad |: t > 0$$
$$10 - t < 0 \quad |+t$$
$$10 < t$$
$$t > 10 \quad \checkmark$$

➕ Nach 15 Stunden kennen $100 + \int_0^{15} f(t)\,dt$ Personen das Gerücht; nach 20 Stunden $100 + \int_0^{20} f(t)\,dt$ Personen. Es gilt: $\int_0^{20} f(t)\,dt = \int_0^{15} f(t)\,dt + \int_{15}^{20} f(t)\,dt$

In diesem Zahlenbeispiel ist die Anzahl der Personen, die das Gerücht kennen, zwischen der 15. und 20. Stunde also um $\int_{15}^{20} f(t)\,dt$ gewachsen.

**e)** Skizze:

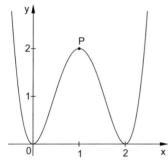

$g(x) = ax^2 \cdot (x-2)^2 \quad a = ?$
$g(1) = 2$
$a \cdot (1-2)^2 = 2$
$a = 2$
$\Rightarrow g(x) = 2x^2 \cdot (x-2)^2$

🗣 Zunächst kann man die zwei Nullstellen und den Punkt P einzeichnen. Dann verbindet man diese Punkte und achtet dabei darauf, dass der Graph nicht unter die x-Achse rutscht. Es ergeben sich zwei Tiefpunkte und ein Hochpunkt dazwischen.

Der Funktionsterm muss die Form $g(x) = ax^2(x-2)^2$ haben. Denn g ist vierten Grades, die Nullstellen sind $x = 0$ und $x = 2$. Sowohl x als auch $(x-2)$ nimmt man hoch 2 wegen der Berührung mit der x-Achse; man spricht von doppelten Nullstellen. Die geraden Hochzahlen bei $x^2$ und $(x-2)^2$ sorgen auch dafür, dass der Graph von g nirgends unterhalb der x-Achse verläuft.
Um den passenden Wert für a zu bestimmen, führt man eine Punktprobe mit $P(1|2)$ durch. $g(1) = 2$ ergibt $a = 2$, siehe Rechnung.
Der Funktionsterm ist $g(x) = 2x^2(x-2)^2$.

➕ Zum Beispiel wäre $g(x) = ax(x-2)^3$ zwar ebenfalls vierten Grades und die Nullstellen wären $x = 0$ und $x = 2$, aber die Bedingung „der Graph von g verläuft nirgends unterhalb der x-Achse" wäre nicht erfüllt – wegen der ungeraden Hochzahlen.

**TIPP** Es reicht nicht, wenn die meisten Bedingungen erfüllt sind. Es müssen *alle* Bedingungen erfüllt sein!

**Musteraufgabe 2** (mit Taschenrechner, ohne Merkhilfe)

a) Es ist $f(x) = 2x^3 \cdot \sin(5x)$. Berechnen Sie $f'(x)$.

Ein Behälter hat ein Fassungsvermögen von 2 200 Liter. Die enthaltene Flüssigkeitsmenge zum Zeitpunkt t wird beschrieben durch die Funktion g mit
$g(t) = 2\,000 - 1\,000 e^{-0{,}1t}$; $t \geq 0$ (t in Minuten, g(t) in Liter).

b) Ermitteln Sie den Zeitpunkt, zu dem der Behälter zu drei Vierteln gefüllt ist. Runden Sie auf eine Dezimale.

c) Zeigen Sie, dass die Flüssigkeitsmenge im Behälter stets zunimmt.

d) Untersuchen Sie, wie viel Flüssigkeit sich auf lange Sicht im Behälter befindet.

e) Die nebenstehende Abbildung zeigt die Parabel mit der Gleichung $h(x) = -x^2 + 8$. In diese Parabel wird ein Quadrat ABCD einbeschrieben, sodass gilt: A und B liegen auf der x-Achse, C und D auf der Parabel.
Ermitteln Sie die Seitenlänge des Quadrates.

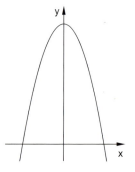

➡ Eine passende Musteraufgabe zu Teil 2 der Prüfung finden Sie auf Seite 145.

## Lösungsvorschlag

**Prüfungsinhalte**    Sinusfunktion, Ableitung, Produktregel, Kettenregel, Exponentialfunktion, Exponentialgleichung, Monotonie, Grenzwert, Parabel, quadratische Gleichung

**a)** $f'(x) = (2x^3)' \cdot \sin(5x) + 2x^3 \cdot (\sin(5x))'$
$= 2 \cdot 3x^2 \cdot \sin(5x) + 2x^3 \cdot \cos(5x) \cdot 5$
$= 6x^2 \cdot \sin(5x) + 10x^3 \cdot \cos(5x)$

Man wendet zunächst die Produktregel an, wobei $2x^3$ als u und $\sin(5x)$ als v aufgefasst wird. Bei der Ableitung von $\sin(5x)$ wendet man die Kettenregel an, siehe Rechnung.

**b)** $\dfrac{3}{4} \cdot 2\,200 = 1\,650$

$\qquad\qquad g(t) = 1\,650$
$2\,000 - 1\,000e^{-0,1t} = 1\,650 \qquad |-2\,000$
$\qquad -1\,000e^{-0,1t} = -350 \qquad |:(-1\,000)$
$\qquad\qquad e^{-0,1t} = 0,35$
$\qquad\qquad -0,1t = \ln(0,35)$
$\qquad\qquad\quad t = \dfrac{\ln(0,35)}{-0,1}$
$\qquad\qquad\quad t = 10,4982\ldots \approx 10,5$

Drei Viertel von 2 200 sind 1 650. Man setzt g(t) und 1 650 gleich und löst diese Gleichung. Nach dem Logarithmieren erhält man t ≈ 10,4982, siehe Rechnung. Auf eine Dezimale gerundet ist das 10,5.
Der gesuchte Zeitpunkt ist also t = 10,5 Minuten.

**c)** $g'(t) \overset{?}{>} 0$

$g'(t) = -1\,000e^{-0,1t} \cdot (-0,1) = 100e^{-0,1t}$

$100e^{-0,1t} > 0 \quad \checkmark$

Die Flüssigkeitsmenge nimmt zu, wenn die Funktion g steigt; dies ist der Fall, wenn die erste Ableitung positiv ist. Man berechnet zunächst die erste Ableitung von g, siehe Rechnung. Die letzte Ungleichung stimmt, da 100 positiv und e hoch ein beliebiger Term ebenfalls positiv ist.

Da damit die erste Ableitung von g für jedes t positiv ist, nimmt die Flüssigkeitsmenge im Behälter stets zu.

➕ *Alternativlösung:*
Von 2000 wird der Term $1000e^{-0,1t}$ abgezogen. Dieser Term ist wegen der negativen Hochzahl fallend. Je größer t, desto weniger wird also von 2000 abgezogen. Die Flüssigkeitsmenge im Behälter nimmt daher zu.

**d)** $g(50) = 1993,26...$
$g(100) = 1999,95...$
$g(150) = 1999,99...$
$g(t) \xrightarrow{t \to \infty} 2000$

👤💭 Je größer t, desto stärker nähert sich g(t) dem Wert 2000 an. Der Grenzwert von g ist 2000, wenn t gegen unendlich läuft. Langfristig befinden sich also 2000 Liter Flüssigkeit im Behälter.

➕ $\lim\limits_{t \to \infty} g(t) = 2000$, weil $\lim\limits_{t \to \infty} e^{-0,1t} = 0$

**TIPP** Der Taschenrechner zeigt z. B. g(500) = 2000 an. Dies stimmt aber nicht ganz. g läuft zwar gegen 2000, wird aber den Wert 2000 niemals erreichen, weil $e^{-0,1t}$ für kein t null ist. 2000 ist daher nur ein Näherungswert, der durch Rundung des Taschenrechners entsteht.

**e)** $C(u \mid h(u))$
$\overline{OB} = u; \quad \overline{AB} = 2u$
$\overline{BC} = h(u) = -u^2 + 8$

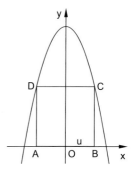

$\overline{AB} = \overline{BC}$
$2u = -u^2 + 8$
$u^2 + 2u - 8 = 0$
$u_{1,2} = -1 \pm \sqrt{1^2 - (-8)} = -1 \pm 3$
$u_1 = 2; \quad (u_2 = -4)$
$\overline{AB} = 2 \cdot 2 = 4$

👤💭 In der Skizze ist $C(u \mid h(u))$ ein Punkt auf der Parabel. Wegen der Symmetrie der Parabel erhält man ein Rechteck mit den weiteren Punkten $B(u \mid 0)$, $D(-u \mid h(u))$ und $A(-u \mid 0)$. Damit ist eine Seite des Rechtecks $\overline{AB} = 2u$ lang. Die andere Seite ist $\overline{BC} = h(u) = -u^2 + 8$ lang. C liegt auf der Parabel, deswegen nimmt man den Funktionswert.

Da das Rechteck ein Quadrat sein soll, gilt $\overline{AB} = \overline{BC}$, was zu einer quadratischen Gleichung mit den Lösungen $-4$ und $2$ führt, siehe Rechnung. Der negative Wert $-4$ entfällt, da B rechts vom Ursprung liegt, also $u > 0$ gilt. Die Seitenlänge des Quadrates ist somit $\overline{AB} = 2u = 2 \cdot 2 = 4$ Längeneinheiten.

➕ Man kann noch prüfen, ob der gefundene Wert 2 zwischen den zwei Nullstellen der Parabel liegt. $h(x) = 0$ führt zu $-x^2 + 8 = 0$ oder $x^2 = 8$ mit den Lösungen $\pm\sqrt{8}$ und 2 ist tatsächlich kleiner als $\sqrt{8}$.

**Musteraufgabe 3** (ohne Taschenrechner, ohne Merkhilfe)

a) Es seien $G(x) = x^3 \cdot \sin(2x)$ und $g(x) = 3x^2 \cdot \sin(2x) + 2x^3 \cdot \cos(2x)$.
Zeigen Sie, dass G eine Stammfunktion der Funktion g ist.

b) Die Abbildung 1 rechts zeigt den Graphen einer Ableitungsfunktion f'. Untersuchen Sie mithilfe dieses Graphen, ob der Graph der Funktion f im dargestellten Bereich Extrempunkte bzw. Wendepunkte besitzt.

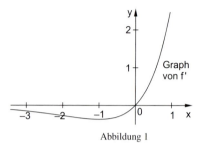

Abbildung 1

Die Abbildungen 2, 3 und 4 zeigen die Graphen dreier Funktionen. Eine dieser Funktionen ist f, die anderen sind f" sowie eine Stammfunktion F von f.

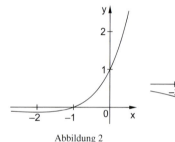
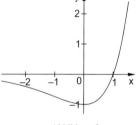
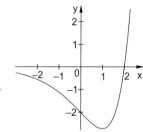

Abbildung 2      Abbildung 3      Abbildung 4

c) Entscheiden Sie, welche Abbildung zur Funktion f gehört, und begründen Sie Ihre Wahl.

d) Ordnen Sie eine der Abbildungen dem Graphen von F zu. Erläutern Sie Ihre Vorgehensweise.

e) Begründen Sie, dass die Abbildung, die in den Teilaufgaben c und d noch nicht zugeordnet wurde, den Graphen von f" darstellt.

*Beachten Sie:* Es wird eine mathematische Begründung verlangt. Der Verweis darauf, dass nur diese Abbildung übrig bleibt, reicht nicht als Begründung.

f) Ermitteln Sie den Wert für b so, dass gilt: $\int_{-b}^{b} 3x^2 \, dx = 2$

➠ **Eine passende Musteraufgabe zu Teil 2 der Prüfung finden Sie auf Seite 136.**

## Lösungsvorschlag

**Prüfungsinhalte**  Sinusfunktion, Kosinusfunktion, Stammfunktion, Ableitungsregeln, Ermittlung der Grenzen eines Integrals, Erkennen und Zuordnen der Graphen von: Funktion, Stammfunktion und Ableitungsfunktion

**a)** $G'(x) \stackrel{?}{=} g(x)$

$G'(x) = (x^3)' \cdot \sin(2x) + x^3 \cdot (\sin(2x))'$
$= 3x^2 \cdot \sin(2x) + x^3 \cdot \cos(2x) \cdot 2$
$= 3x^2 \cdot \sin(2x) + 2x^3 \cdot \cos(2x) = g(x)$

Laut Definition ist G eine Stammfunktion von g, wenn G abgeleitet g ergibt. Man leitet G(x) also ab. Dabei verwendet man die Produktregel und die Kettenregel. Das Ergebnis ist g(x), siehe Rechnung. Damit ist G eine Stammfunktion von g.

**b)**

| x | | 0 | |
|---|---|---|---|
| f'(x) | − | 0 | + |
| f(x) | ↘ | T | ↗ |

$\Rightarrow$ Tiefpunkt von f bei $x = 0$

Und:
Tiefpunkt von f' bei $x = -1$ $\Rightarrow$ Wendepunkt von f bei $x = -1$

Man kann eine Vorzeichentabelle anfertigen. Zunächst entnimmt man der Abbildung die Nullstelle $x = 0$ und das Vorzeichen von f' links und rechts davon und füllt die mittlere Zeile aus. Damit kann man die Monotonie von f eintragen, siehe Pfeile in der unteren Zeile. Aus diesem Gedankengang folgt: Der Graph von f hat an der Stelle $x = 0$ einen Tiefpunkt. Dies ist der einzige Extrempunkt im dargestellten Bereich.

**TIPP** Wechselt f' bei $x_0$ das Vorzeichen von − nach +, dann hat der Graph von f an der Stelle $x_0$ einen Tiefpunkt.

Der Graph von f' hat zudem an der Stelle $x = -1$ einen Tiefpunkt. Daher muss der Graph von f an der Stelle $x = -1$ einen Wendepunkt haben.

**TIPP** Die Extremstellen von f' sind die Wendestellen von f.

**c)** Tiefpunkt von f bei x = 0 $\Rightarrow$ Abbildung 3

🗣️ In Teilaufgabe b hat man bereits gesehen, dass der Graph von f bei x = 0 einen Tiefpunkt hat. Nur der Graph in Abbildung 3 hat einen Tiefpunkt bei x = 0. Deswegen muss Abbildung 3 den Graphen von f darstellen.

**d)**

| x | | 1 | |
|---|---|---|---|
| F'(x) = f(x) | − | 0 | + |
| F(x) | ↘ | T | ↗ |

$\Rightarrow$ Tiefpunkt von F bei x = 1 $\Rightarrow$ Abbildung 4

🗣️ Man fertigt eine Vorzeichentabelle an. Dabei berücksichtigt man, dass die Ableitung von F laut Definition f ist. Dem Graphen von f in Abbildung 3 entnimmt man die Nullstelle x = 1 und das Vorzeichen von f links und rechts davon und füllt die mittlere Zeile aus. Damit schließt man auf die Monotonie von F, siehe Pfeile in der unteren Zeile. Daraus folgt, dass der Graph von F an der Stelle x = 1 einen Tiefpunkt hat. Nur der Graph in Abbildung 4 hat einen Tiefpunkt an der Stelle x = 1. Daher muss Abbildung 4 den Graphen von F darstellen.

> **TIPP** Wechselt f bei $x_0$ das Vorzeichen von − nach +, dann hat der Graph von F an der Stelle $x_0$ einen Tiefpunkt.

**e)**

| x | | −1 | |
|---|---|---|---|
| f''(x) = (f')'(x) | − | 0 | + |
| f'(x) | ↘ | T | ↗ |

$\Rightarrow$ (−1 | 0) liegt auf Graph von f'' $\Rightarrow$ Abbildung 2

🗣️ Man fertigt eine Vorzeichentabelle an. Zunächst entnimmt man dem Graphen von f' in Abbildung 1 die Monotonie und den Extrempunkt der ersten Ableitung und füllt die untere Zeile aus. Damit schließt man auf das Vorzeichen von f'' als Ableitung von f', siehe mittlere Zeile. Zwischen Minus und Plus steht eine Null. Der Punkt (−1 | 0) liegt also auf dem Graphen der zweiten Ableitung. Es muss daher Abbildung 2 sein, denn dieser Punkt liegt auf keinem der anderen Graphen.

> **TIPP** Bei Vorzeichentabellen ist grundsätzlich folgender Aufbau sinnvoll: In der unteren Zeile steht die Funktion, in der mittleren Zeile die erste Ableitung dieser Funktion und in der oberen Zeile die Variable.

**f)** $f(x) = 3x^2 \Rightarrow F(x) = x^3$

$$\int_{-b}^{b} 3x^2 \, dx = \left[ x^3 \right]_{-b}^{b} = b^3 - (-b)^3 = b^3 + b^3 = 2b^3$$

$2b^3 = 2$
$b^3 = 1$
$b = 1$

Zunächst ermittelt man eine Stammfunktion von $f(x) = 3x^2$. Dann berechnet man das Integral mit dem Hauptsatz. Es ergibt sich $2b^3$, andererseits muss es nach Vorgabe gleich 2 sein. Dies bedeutet $2b^3 = 2$ oder, geteilt durch 2, $b^3 = 1$. Die Kubikwurzel von 1 ist 1. Der gesuchte Wert ist $b = 1$.

## Musteraufgabe 4 (ohne Taschenrechner, ohne Merkhilfe)

Die Abbildung zeigt den Graphen K einer Funktion f. K ist aus dem Graphen der Sinusfunktion hervorgegangen und f ist von der Form $f(x) = a \cdot \sin(bx) + c$.

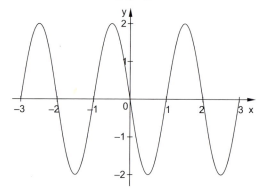

a) Geben Sie mögliche Werte für a und c an. Begründen Sie Ihre Wahl.

b) Geben Sie ein Verfahren an, mit dem man den Flächeninhalt der Fläche zwischen dem Graphen K und der x-Achse im Bereich $-1 \leq x \leq 2$ bestimmen kann.

c) Ermitteln Sie den Wert des Integrals $\int_{-2}^{2} f(x)\, dx$.

d) Stellen Sie einen Funktionsterm für die Funktion f auf. Begründen Sie Ihre Vorgehensweise.

e) Gegeben ist die Gleichung $\int_{0}^{x} \sin(t)\, dt = 2$.
Zeigen Sie, dass $x = \pi$ eine Lösung dieser Gleichung ist.
Geben Sie eine weitere positive Lösung für diese Gleichung an.

f) Zeigen Sie, dass $g(x) = \sin\left(\frac{1}{x}\right)$ im Bereich $0 < x < 1$ mehr als 2 Nullstellen besitzt.

➡ **Eine passende Musteraufgabe zu Teil 2 der Prüfung finden Sie auf Seite 148.**

# Lösungsvorschlag

**Prüfungsinhalte**  allgemeine Sinusfunktion und ihre Eigenschaften, Flächeninhalt und Integral, Funktionsterm ermitteln, trigonometrische Gleichung

**a)** Amplitude = 2 und Spiegelung an der x-Achse $\Rightarrow$ a = –2
keine Verschiebung in y-Richtung $\Rightarrow$ c = 0

Um K zu erhalten, wurde der Graph der Sinusfunktion zunächst entlang der y-Achse mit dem Faktor 2 gestreckt. Deshalb ist die Amplitude 2, was sich an K direkt ablesen lässt. Zudem ist der Graph der Sinusfunktion an der x-Achse gespiegelt worden. Daher ist a negativ, also a = –2.
Da K im Vergleich zum Graphen der Sinusfunktion nicht in y-Richtung verschoben wurde, ist c = 0.

**b)** Nullstellen: –1, 0, 1 und 2

$$A = \int_{-1}^{0} f(x)\,dx + \left|\int_{0}^{1} f(x)\,dx\right| + \int_{1}^{2} f(x)\,dx$$

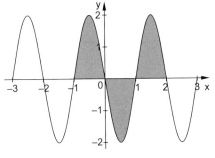

Im Bereich $-1 \leq x \leq 2$ liest man die Nullstellen –1, 0, 1 und 2 ab. Zwischen je zwei benachbarten Nullstellen markiert man die zugehörigen Flächen, siehe Skizze. Dann stellt man die entsprechenden drei Integrale auf. Wenn der Graph unterhalb der x-Achse verläuft, ist das Integral negativ und man muss den Betrag nehmen.
Die Summe der drei Integrale ist der gesuchte Flächeninhalt.

➕ Der Ansatz $A = \int_{-1}^{0} f(x)\,dx + \int_{0}^{1} |f(x)|\,dx + \int_{1}^{2} f(x)\,dx$ ist ebenfalls möglich.
Die Betragszeichen beziehen sich hier auf f(x), nicht auf das Integral.

Ebenfalls korrekt ist $A = \int_{-1}^{2} |f(x)|\,dx$, da so der unterhalb der x-Achse liegende Teil des Graphen an der x-Achse gespiegelt wird.

**c)** 4 gleich große Flächen, 2 oberhalb der x-Achse und 2 unterhalb
⇓
heben sich gegenseitig auf
⇓
Integral = 0

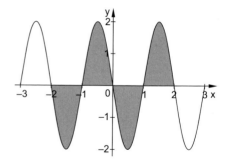

🗨 Im Bereich des Integrals entstehen vier gleich große Flächen. Zwei davon liegen oberhalb der x-Achse und zwei davon unterhalb der x-Achse, siehe Skizze.
Die zwei Flächen oberhalb der x-Achse werden im Integral positiv gezählt und die beiden Flächen unterhalb der x-Achse negativ. Daher heben sie sich gegenseitig auf. Der gesuchte Wert des Integrals ist damit null.

**TIPP** Ein Flächeninhalt kann nicht negativ sein; ein Integral kann jedoch positiv, null oder sogar negativ sein.

**d)** $f(x) = a \cdot \sin(bx) + c$;
$a = -2$ und $c = 0$, vgl. Teilaufgabe a
$\Rightarrow f(x) = -2\sin(bx)$
$b = ?$
Periode $P = 2$ und $P = \dfrac{2\pi}{b}$

$\dfrac{2\pi}{b} = 2 \quad |\cdot b$

$2\pi = 2b \quad |:2$

$b = \pi$

$\Rightarrow f(x) = -2\sin(\pi x)$

🗨 Die Form des Funktionsterms ist $f(x) = a \cdot \sin(bx) + c$ mit $a = -2$ und $c = 0$. Man muss nur noch b bestimmen. Dies kann man mithilfe der Periode, die man am Graphen ablesen kann. Die Periode ist 2. Dies setzt man in die Formel für die Periode ein und löst diese Gleichung nach b auf. Man erhält $b = \pi$, siehe Rechnung. Der Funktionsterm lautet $f(x) = -2\sin(\pi x)$.

**TIPP** Bei $f(x) = a \cdot \sin(bx) + c$ und $f(x) = a \cdot \cos(bx) + c$ gilt für die Periode P: $P = \dfrac{2\pi}{b}$
**Beachte:** Dies gilt für $b > 0$. Für $b < 0$ nimmt man den Betrag, also $P = \dfrac{2\pi}{|b|}$.

➕ $f(x) = 2\sin(-\pi x)$ ist ebenfalls korrekt. $2\sin(-\pi x) = -2\sin(\pi x)$, da die Sinusfunktion punktsymmetrisch zum Ursprung ist.

**e)** $x = \pi$

$$\int_0^\pi \sin(t)\,dt \stackrel{?}{=} 2$$

$F(t) = -\cos(t)$

$$\int_0^\pi \sin(t)\,dt = F(\pi) - F(0) = -\cos(\pi) - (-\cos(0)) = -(-1) - (-1) = 1 + 1 = 2 \checkmark$$

Periode $= 2\pi$ $\Rightarrow$ Weitere Lösung: $\pi + 2\pi = 3\pi > 0$ $\checkmark$

$$\int_0^{3\pi} \sin(t)\,dt = -\cos(3\pi) - (-\cos(0)) = 2 \checkmark$$

Man macht die Probe mit $x = \pi$. Dazu setzt man für x die Zahl $\pi$ als obere Grenze des Integrals ein. Das entstehende Integral muss den Wert 2 haben. Man berechnet das Integral mit dem Hauptsatz und stellt fest, dass es stimmt, siehe Rechnung. Also ist $x = \pi$ eine Lösung der Gleichung.
Eine andere positive Lösung entsteht, wenn man zur gegebenen Lösung $2\pi$ addiert. $3\pi$ ist ebenfalls eine Lösung, weil $\cos(3\pi)$ gleich $\cos(\pi)$ ist. Dies liegt daran, dass der Kosinus die Periode $2\pi$ hat.

Die Gleichung hat unendlich viele positive Lösungen:
$\pi, 3\pi, 5\pi, 7\pi, \ldots$
Diese Lösungen kann man so schreiben:
$\pi + 2k\pi = (2k+1) \cdot \pi$
Für jede positive ganze Zahl k entsteht eine solche Lösung. Weitere positive Lösungen gibt es keine.

**f)** $\sin(\pi) = 0$

$\dfrac{1}{x} = \pi$ $\Rightarrow$ $\pi x = 1$ $\Rightarrow$ $x = \dfrac{1}{\pi}$ $\checkmark$ und $0 < \dfrac{1}{\pi} < 1$ $\checkmark$

$\sin(2\pi) = 0$

$\dfrac{1}{x} = 2\pi$ $\Rightarrow$ $2\pi x = 1$ $\Rightarrow$ $x = \dfrac{1}{2\pi}$ $\checkmark$

$\sin(3\pi) = 0$

$\dfrac{1}{x} = 3\pi$ $\Rightarrow$ $3\pi x = 1$ $\Rightarrow$ $x = \dfrac{1}{3\pi}$ $\checkmark$

Die Sinusfunktion ist an der Stelle $\pi$ gleich null. Nimmt der Term $\dfrac{1}{x}$ also den Wert $\pi$ an, hat g eine Nullstelle. Nach x aufgelöst erhält man $x = \dfrac{1}{\pi}$. Ganz ähnlich erhält man $x = \dfrac{1}{2\pi}$ und $x = \dfrac{1}{3\pi}$. Damit hat man schon drei Nullstellen, also mehr als zwei.

Man muss noch zeigen, dass diese Werte zwischen 0 und 1 liegen. Der größte dieser Werte ist $\frac{1}{\pi}$, denn hier ist der Nenner am kleinsten. $\frac{1}{\pi}$ ist etwa $\frac{1}{3}$, liegt also klar zwischen 0 und 1. Die anderen Werte sind kleiner als $\frac{1}{\pi}$ und ebenfalls positiv. Damit liegen alle drei x-Werte zwischen 0 und 1.

➕ Es gibt unendlich viele solche x-Werte. Tatsächlich:

$\sin(k\pi) = 0$

$\frac{1}{x} = k\pi$

$k\pi x = 1$

$x = \frac{1}{k\pi}$ ✓

Für jede positive ganze Zahl k gibt es einen solchen x-Wert.

**Musteraufgabe 5** (mit Taschenrechner, ohne Merkhilfe)

Der Graph zeigt die Verkaufszahlen eines neuen Elektrogeräts (t gibt die Zeit in Monaten an, f(t) die Anzahl der verkauften Geräte pro Monat in 1 000 Stück).

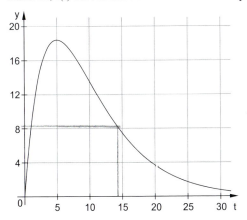

a) Geben Sie den Zeitpunkt an, an dem die meisten Elektrogeräte verkauft wurden.

b) Beschreiben Sie die zeitliche Entwicklung der Verkaufszahlen in den ersten 30 Monaten.

c) Ermitteln Sie den Zeitpunkt, zu dem die Verkaufszahlen am stärksten abnehmen.

d) Untersuchen Sie, wann die Verkaufszahlen unter 8 000 Elektrogeräte pro Monat sinken.

Die Funktion $F(t) = -50t \cdot e^{-0,2t} - 250e^{-0,2t}$ ist eine Stammfunktion von f.

e) Berechnen Sie die Anzahl der verkauften Elektrogeräte in den ersten 15 Monaten.

f) Ermitteln Sie einen integralfreien Term B(t) für die Anzahl der verkauften Geräte nach t Monaten.
Zeigen Sie, dass diese Anzahl die Marke von 250 000 nicht überschreitet.

g) Nehmen Sie Stellung zu folgender Aussage:
Wenn die zweite Ableitung einer ganzrationalen Funktion dritten Grades an der Stelle x = 1 null ist, dann hat der Graph der Funktion an der Stelle x = 1 einen Wendepunkt.

➡ **Eine passende Musteraufgabe zu Teil 2 der Prüfung finden Sie auf Seite 139.**

# Lösungsvorschlag

| Prüfungsinhalte | momentane Änderungsrate, Exponentialfunktion, Stammfunktion, Bestand und Integral, ganzrationale Funktion, Wendepunkt |

**a)** t = 5

 Der gesuchte Zeitpunkt ist 5 Monate nach Verkaufsbeginn.

**TIPP** Bei Formulierungen mit „geben Sie an" ist *keine Begründung* erforderlich. Es schadet aber nicht, wenn Sie in Ihrem Vortrag auf das Maximum hinweisen.

**b)** bis 5: Zunahme
bei 5: Hochpunkt
ab 5: Abnahme
ab 30: fast null

 Die Verkaufszahlen nehmen in den ersten fünf Monaten schnell zu, im 5. Monat erreichen sie ihr Maximum. Danach nehmen die Verkaufszahlen ab. Ab dem 30. Monat werden fast keine Elektrogeräte mehr verkauft.

**c)** stärkste Abnahme $\hat{=}$ Wendepunkt
$\Rightarrow$ t ≈ 10

 Die stärkste Abnahme erfolgt an der Stelle, an der der Graph einen Wendepunkt besitzt. Der Abbildung kann man entnehmen, dass dies bei etwa t = 10 der Fall ist. Nach 10 Monaten nehmen also die Verkaufszahlen am stärksten ab.

**d)** 8 000 entspricht 8 Einheiten.
Gesucht: t, ab dem f(t) < 8
f(t) = 8 $\Rightarrow$ (t ≈ 1); t ≈ 14,5

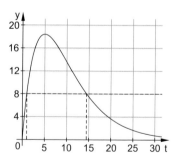

 8 000 Geräte pro Monat entsprechen auf der y-Achse 8 Einheiten. Man zeichnet die Gerade y = 8 ein und liest die Schnittpunkte mit dem Graphen näherungsweise ab. Die gesuchte Stelle ist etwa t ≈ 14,5. Nach knapp 15 Monaten sinken die Verkaufszahlen unter 8 000 Elektrogeräte pro Monat.

➕ Der t-Wert 1 wird verworfen, weil er nicht zur Aufgabenstellung passt.
Auf die Frage „Wann *steigen* die Verkaufszahlen über 8000 Elektrogeräte pro Monat?" wäre t = 1 die richtige Antwort.

e) $\int_0^{15} f(t)\,dt = F(15) - F(0) \approx -49{,}79 - (-250) = 200{,}21$

$200{,}21 \cdot 1000 = 200\,210$

🗣 Die Einheit „Geräte *pro* Monat" zeigt, dass f eine Änderungsrate ist. Das Integral der Änderungsrate ergibt den Bestand. Hier beschreibt der Bestand die Anzahl der verkauften Elektrogeräte. Es geht um die ersten 15 Monate, also um das Integral über f(t) von 0 bis 15. Da F bekannt ist, kann man F(15) – F(0) bestimmen, siehe Rechnung. Das Ergebnis muss man noch mit 1000 multiplizieren. In den ersten 15 Monaten werden also etwa 200 210 Elektrogeräte verkauft.

f) $B(t) = \int_0^t f(x)\,dx$

**TIPP** Ist eine Grenze eines Integrals ein Buchstabe, müssen die Integrationsvariable und die Grenze verschiedene Buchstaben sein.

$\int_0^t f(x)\,dx = \left[-50x \cdot e^{-0{,}2x} - 250e^{-0{,}2x}\right]_0^t$

$\phantom{\int_0^t f(x)\,dx} = (-50t \cdot e^{-0{,}2t} - 250e^{-0{,}2t}) - (-50 \cdot 0 \cdot e^0 - 250 \cdot e^0)$

$\phantom{\int_0^t f(x)\,dx} = -50t \cdot e^{-0{,}2t} - 250e^{-0{,}2t} - (-250)$

$\Rightarrow B(t) = 250 - \underbrace{50t \cdot e^{-0{,}2t}}_{>0} - \underbrace{250e^{-0{,}2t}}_{>0}$

Also: B(t) = 250 – positive Zahl – positive Zahl < 250

🗣 Man kann wie bei Teilaufgabe e vorgehen, aber statt 15 steht t als obere Grenze des Integrals. Um es korrekt zu schreiben, muss man die Funktionsvariable umbenennen. Mit dem Hauptsatz kann man anschließend den gesuchten Term ermitteln, siehe Rechnung.

Um zu zeigen, dass die Verkaufszahlen unter 250 000 bleiben, ist zu zeigen, dass der Funktionswert B(t) stets kleiner als 250 ist, da die Anzahl in 1000 Stück angegeben wird. Man stellt fest, dass im Term B(t) von 250 die Terme $50t \cdot e^{-0{,}2t}$ und $250e^{-0{,}2t}$ abgezogen werden. Da beide Terme positiv sind, ist das Ergebnis stets kleiner als 250.
Daher wird die Marke von 250 000 nicht überschritten.

⊞ Die Schreibweise $\int_0^t f(t)\,dt$ wäre falsch. Dies erkennt man leicht, wenn man z. B. t = 15 einsetzt: Man erhält $\int_0^{15} f(15)\,d15$, was keinen Sinn ergibt.

⊞ Eine mögliche Probe: Man kann B(15) berechnen. Dies ergibt etwa 200,21. Multipliziert mit 1 000 ergibt sich 200 210. Damit wird das aus Teilaufgabe e bekannte Ergebnis noch einmal bestätigt.

⊞ $\lim_{t \to \infty} B(t) = 250$, da $\lim_{t \to \infty} 50t \cdot e^{-0,2t} = 0$ und $\lim_{t \to \infty} 250 e^{-0,2t} = 0$
Langfristig nähern sich also die Verkaufszahlen 250 000 an, erreichen diesen Wert aber nie.

**g)** f dritten Grades $\Rightarrow$ f' quadratisch $\Rightarrow$ f" linear
Graph von f" ist Gerade, also VZW bei x = 1
$\Rightarrow$ stimmt

 Die Aussage trifft zu.
Begründung: Laut Aufgabentext ist die zweite Ableitung bei x = 1 null. Für einen Wendepunkt braucht man aber noch eine zweite Bedingung, z. B. müsste die zweite Ableitung von f bei x = 1 einen Vorzeichenwechsel haben. Dies stimmt, denn: Die Funktion f ist dritten Grades. Ihre erste Ableitung ist dann zweiten Grades, ihre zweite Ableitung ersten Grades. Der Graph der zweiten Ableitung ist also eine Gerade. Da die Gerade bei x = 1 die x-Achse schneidet, gibt es dort automatisch auch einen Vorzeichenwechsel für die zweite Ableitung.

⊞ *Alternativlösung:*
$f(x) = ax^3 + bx^2 + cx + d$
$f'(x) = 3ax^2 + 2bx + c$
$f''(x) = 6ax + 2b$
$f'''(x) = 6a \neq 0$
Eine ganzrationale Funktion dritten Grades hat die Form $f(x) = ax^3 + bx^2 + cx + d$. Dabei muss a ungleich 0 sein, sonst wäre f nicht dritten Grades. Im Aufgabentext ist gegeben, dass $f''(1) = 0$ ist. Das allein macht aber noch keinen Wendepunkt. Es muss noch $f'''(1) \neq 0$ sein – das stimmt, weil $f'''(1) = 6a$ und a ungleich null ist.

## Musteraufgabe 6 (ohne Taschenrechner, ohne Merkhilfe)

a) Es sei $f(x) = 8e^{2x}$. Berechnen Sie $f'(x)$, $f'(0)$ und eine Stammfunktion $F(x)$.

In eine Regentonne kann Wasser zufließen oder es kann aus ihr abfließen.
Der Graph zeigt die momentane Änderungsrate der enthaltenen Wassermenge für
$0 \leq t \leq 23$ (t in Stunden, g(t) in $\frac{\text{Liter}}{\text{Stunde}}$).
Zum Zeitpunkt $t=0$ befinden sich in der Regentonne 50 Liter Wasser.

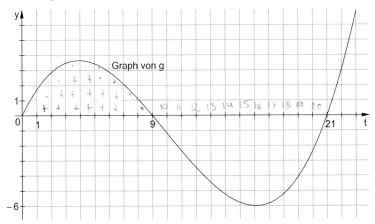

b) Zeigen Sie, dass sich nach 9 Stunden mehr als 65 Liter Wasser in der Regentonne befinden.

c) Beantworten Sie die folgenden Fragen und begründen Sie jeweils Ihre Antwort:
   (1) In welchem Zeitraum nimmt die Wassermenge in der Regentonne ab?
   (2) Wann befindet sich am wenigsten Wasser in der Regentonne?
   (3) Zu welchem Zeitpunkt ist die momentane Abflussrate am größten?
       Wie viele Liter pro Stunde fließen dann aus dem Behälter ab?

d) Nehmen Sie Stellung zu folgender Aussage:
   Wenn sich die Nullstellen einer ganzrationalen Funktion genau an den Stellen
   $x = -2$, $x = 0$ und $x = 2$ befinden, dann ist diese Funktion dritten Grades.

➧ **Eine passende Musteraufgabe zu Teil 2 der Prüfung finden Sie auf Seite 152.**

# Lösungsvorschlag

**Prüfungsinhalte** Exponentialfunktion, Ableitung, Kettenregel, Stammfunktion, momentane Änderungsrate, Bestand und Integral, ganzrationale Funktion, Nullstelle

**a)** $f'(x) = 2 \cdot 8e^{2x} = 16e^{2x}$

$x = 0 \rightarrow f'(0) = 16e^0 = 16$

$F(x) = \dfrac{8e^{2x}}{2} = 4e^{2x}$

 Für die Ableitung von f wendet man die Kettenregel an, siehe Rechnung.
Für die Ableitung an der Stelle 0 setzt man in die ermittelte erste Ableitung für x die Zahl 0 ein. Das Ergebnis ist 16, denn e hoch 0 ist 1.
Eine Stammfunktion von f ist $4e^{2x}$, siehe Rechnung.

➕ Bei der Bestimmung der Stammfunktion verwendet man ebenfalls die Kettenregel, aber sozusagen rückwärts gedacht.
Zur Überprüfung kann man die Stammfunktion ableiten:
$F'(x) = 4e^{2x} \cdot 2 = 8e^{2x} = f(x)$ ✓

**b)** $t = 0$: 50 Liter; „nach 9 Stunden" $\stackrel{\triangle}{=}$ bis $t = 9$

$50 + \underbrace{\int_0^9 g(t)\, dt}_{\approx 18 \text{ Kästchen} \stackrel{\triangle}{=} 18 \text{ Liter}} \stackrel{?}{>} 65$

$50 + 18 = 68 > 65$ ✓

 Das Integral der momentanen Änderungsrate ergibt den Bestand. Es geht um die ersten 9 Stunden, also $\int_0^9 g(t)\, dt$. Da der Term von g nicht bekannt ist, muss man die Kästchen zwischen Graph und t-Achse zusammenzählen. Dies ergibt etwa 18 Kästchen, wenn man sinnvoll rundet. Ein Kästchen entspricht einem Liter. Die 50 Liter, die zu Beginn schon in der Regentonne sind, muss man noch dazuaddieren. Damit wird 65 klar überschritten. Nach 9 Stunden befinden sich also mehr als 65 Liter Wasser in der Regentonne.

c) (1) t = 9 bis t = 21

negative Änderungsrate!

⇒ Abnahme der Wassermenge ✓

🗨 Die Wassermenge in der Regentonne nimmt dann ab, wenn die momentane Änderungsrate negativ ist, der gegebene Graph also unterhalb der t-Achse verläuft. Dies ist zwischen t = 9 und t = 21 der Fall. Die Wassermenge in der Regentonne nimmt also von der 9. bis zu der 21. Stunde ab.

(2) 
| Zeit t | 0 | | 9 | | 21 | |
|---|---|---|---|---|---|---|
| g = Änderung | 0 | + | 0 | − | 0 | + |
| Wassermenge | | ↗ | H | ↘ | T | ↗ |

⇒ t = 21

🗨 In den ersten 9 Stunden nimmt die Wassermenge zu, da die momentane Änderungsrate positiv ist. Zwischen der 9. und der 21. Stunde nimmt die Wassermenge ab, wie bei (1) gezeigt. Nach der 21. Stunde nimmt die Wassermenge wieder zu. Der gesuchte Zeitpunkt ist also die 21. Stunde.

✚ Wenn man die Höhe des Wasserstandes zeichnen würde, hätte der zugehörige Graph bei t = 21 einen Tiefpunkt und bei t = 9 einen Hochpunkt.

(3) „momentane **Abfluss**rate" $\stackrel{\triangle}{=}$ g negativ

T(16 | −6) ist Tiefpunkt von g. Aber: Maximum der Abnahme

⇒ t = 16 mit $6\frac{\ell}{h}$

🗨 Die momentane Abflussrate ist bei t = 16 am größten.
Begründung: Zwischen der 9. und der 21. Stunde nimmt die Wassermenge ab, dies wurde in (1) gezeigt. Beim Tiefpunkt, also bei t = 16, ist die Abnahme am größten.
Bei t = 16 liest man −6 als Funktionswert von g ab. Das Minus bedeutet Abnahme.
Zu diesem Zeitpunkt fließen also 6 Liter (pro Stunde) aus dem Behälter ab.

✚ Bei t = 4 hat der Graph von g einen Hochpunkt. An dieser Stelle erfolgt aber die größte Zunahme und nicht die größte Abnahme, da die Änderungsrate dort positiv ist, also Wasser zufließt.

**d)** Gegenbeispiel:
$f(x) = x^2 \cdot (x+2) \cdot (x-2)$
Nullstellen ✓
Aber:
$f(x) = x^2 \cdot (x+2) \cdot (x-2) = x^2 \cdot (x^2 - 2x + 2x - 4) = x^4 - 4x^2 \quad \Rightarrow \quad$ 4. Grades!

 Die Aussage ist falsch.

Die Begründung erfolgt durch ein Gegenbeispiel:
Die Funktion $f(x) = x^2 \cdot (x+2) \cdot (x-2)$ hat zwar ihre Nullstellen bei $x=0$, $x=-2$ und $x=2$, die Funktion ist aber vierten Grades.

**TIPP** Um eine Aussage zu widerlegen, reicht ein einziges Gegenbeispiel.

➕ *Alternativlösung:*
Man kann auch ohne einen Term begründen, dass die Aussage falsch ist.
Der Graph in der Skizze rechts hat vier Extrempunkte. Die erste Ableitung muss daher (mindestens) vier Nullstellen haben und ist somit mindestens vierten Grades. Da der Grad einer Funktion um eins größer ist als der Grad der Ableitungsfunktion, ist der Grad von f dann mindestens fünf – und nicht drei.

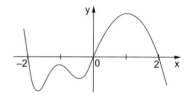

➕ Die Funktion $h(x) = x \cdot (x+2) \cdot (x-2) = x \cdot (x^2 - 4) = x^3 - 4x$ hat ihre Nullstellen genau bei $x=-2$, $x=0$ und $x=2$ und ist *dritten* Grades. Für diese Funktion trifft die Aussage also zu.

**TIPP** Eine Aussage, die bei einem Beispiel stimmt, bei einem anderen Beispiel aber nicht stimmt, gilt in der Mathematik als *falsch*. Eine Aussage ist also nur dann *richtig*, wenn sie für *jedes* Beispiel zutrifft.

## Musteraufgabe 7 (mit Taschenrechner, ohne Merkhilfe)

Die Funktion G gibt den zurückgelegten Weg eines Radfahrers während eines Beobachtungszeitraums von fünf Sekunden an, in dem der Radfahrer gerade einen kleinen Hügel überquert (x in Sekunden mit $0 \leq x \leq 5$, G(x) in Meter). Der Graph von G ist in Abbildung 1 gegeben.

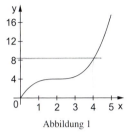

Abbildung 1

 a) Geben Sie den Zeitpunkt an, zu dem der Radfahrer 8 Meter zurückgelegt hat.
Beschreiben Sie die Bewegung des Radfahrers in den fünf Sekunden.

b) G ist die Stammfunktion einer Funktion g.
Begründen Sie, dass der Punkt (2|0) auf dem Graphen von g liegt.
Ordnen Sie eine der folgenden drei Abbildungen dem Graphen der Funktion g zu.
Erläutern Sie Ihre Überlegungen.

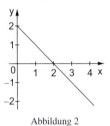

Abbildung 2

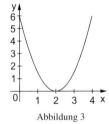

Abbildung 3

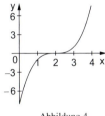

Abbildung 4

Die Geschwindigkeit einer Drohne wird durch die Funktion $f(t) = 2e^{0,4t} - 2$ beschrieben (t in Sekunden, f(t) in $\frac{m}{s}$).

 c) Berechnen Sie, nach wie vielen Sekunden die Drohne mit $8\,\frac{m}{s}$ fliegt.
Runden Sie auf eine ganze Zahl.

 d) Ermitteln Sie, welche Strecke die Drohne nach 6 Sekunden zurückgelegt hat.
Erläutern Sie Ihren Lösungsweg.

 e) Gesucht ist im Zeitraum $0 \leq t \leq 6$ jener Zeitpunkt t*, für den gilt: Der von 0 bis t* zurückgelegte Weg ist dreimal so groß wie der von t* bis 6 zurückgelegte Weg.
Geben Sie ein Verfahren an, mit dem man den Zeitpunkt t* ermitteln kann.

➡ **Eine passende Musteraufgabe zu Teil 2 der Prüfung finden Sie auf Seite 142.**

# Lösungsvorschlag

**Prüfungsinhalte**  Geschwindigkeit und Strecke, Stammfunktion, Exponentialfunktion, Exponentialgleichung, Bestand und Integral

**a)** $y = 8$
Schnittpunkt $\Rightarrow x = 4$
Strecke: steigt!
erst langsamer, dann schneller
Geschwindigkeit: nimmt ab; 0; nimmt zu

Um den gesuchten Zeitpunkt zu ermitteln, schneidet man die Gerade $y = 8$ mit dem Graphen. Der Schnittpunkt hat die x-Koordinate 4. Dies bedeutet: Nach 4 Sekunden hat der Radfahrer 8 Meter zurückgelegt.

G gibt die zurückgelegte Strecke an. Diese nimmt ständig zu. Die Zunahme verlangsamt sich bis $x = 2$, danach nimmt der zurückgelegte Weg wieder stärker zu. Die Bewegung des Radfahrers lässt sich gut mit der Geschwindigkeit beschreiben: Die Geschwindigkeit des Radfahrers verringert sich zunächst und erreicht für einen Moment den Wert null – vermutlich beim Überqueren der Hügelkuppe. Danach nimmt die Geschwindigkeit wieder zu.

**b)** $G'(x) = g(x) \Rightarrow G'(2) = g(2)$
$G'(2) = 0 \Rightarrow g(2) = 0$
Zuordnung

| x | | 2 | |
|---|---|---|---|
| G'(x) = g(x) | + | 0 | + |
| G(x) | ↗ | S | ↗ |

$\Rightarrow$ Abbildung 3

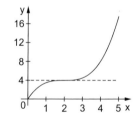

Der Graph von G hat an der Stelle $x = 2$ eine waagerechte Tangente (vgl. Skizze). Die Steigung von G ist an dieser Stelle 0, also $G'(2) = 0$. Andererseits ist $G'(2) = g(2)$. Es folgt $g(2) = 0$. Der Punkt $(2|0)$ liegt also auf dem Graphen von g. Für die Zuordnung des Graphen kann man eine Vorzeichentabelle anfertigen. Die mittlere Zeile steht sowohl für G' als auch für g, denn $G'(x) = g(x)$. Der Graph von G ist monoton steigend. Daher ist die erste Ableitung G', also g, positiv. Dies bedeutet, dass der Graph von g oberhalb der x-Achse verläuft (bis auf die Stelle $x = 2$). Der Punkt $(2|0)$ liegt auf allen drei angegebenen Graphen; damit kann man also keine Abbildung ausschließen. Der einzige Graph, der aber vollständig im positiven y-Bereich verläuft, ist Abbildung 3. Diese stellt daher den Graphen von g dar.

**c)** $t = ?$

$f(t) = 8 \Rightarrow 2e^{0,4t} - 2 = 8 \Rightarrow 2e^{0,4t} = 10 \Rightarrow e^{0,4t} = 5$

$\Rightarrow 0,4t = \ln(5) \Rightarrow t = \dfrac{\ln(5)}{0,4} \approx 4$

🗣 Man setzt f(t) mit 8 gleich. Diese Gleichung hat als Lösung t = 4, wenn man auf eine ganze Zahl rundet, siehe Rechnung. Nach etwa 4 Sekunden fliegt die Drohne mit der Geschwindigkeit 8 Meter pro Sekunde.

**d)** Strecke = ? $\quad \displaystyle\int_0^6 f(t)\,dt$

$f(t) = 2e^{0,4t} - 2 \Rightarrow F(t) = \dfrac{2e^{0,4t}}{0,4} - 2t = 5e^{0,4t} - 2t$

$\displaystyle\int_0^6 f(t)\,dt = F(6) - F(0) \approx 43,1 - 5 = 38,1$

🗣 Die Geschwindigkeit ist eine momentane Änderungsrate. Das Integral aus der Geschwindigkeit ergibt den zurückgelegten Weg. Man ermittelt eine Stammfunktion für f(t) und berechnet anschließend das Integral über f(t) von 0 bis 6, siehe Rechnung. Die Einheit der Strecke ist Meter.
Nach 6 Sekunden hat die Drohne etwa 38,1 Meter zurückgelegt.

**e)** Gesamtstrecke $\displaystyle\int_0^6 f(t)\,dt$ bekannt

Wegstück 1 : Wegstück 2 $\triangleq$ 3 : 1    Also: $\dfrac{3}{4}$ zu $\dfrac{1}{4}$

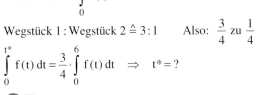

$\displaystyle\int_0^{t^*} f(t)\,dt = \dfrac{3}{4} \cdot \int_0^6 f(t)\,dt \quad \Rightarrow \quad t^* = ?$

🗣 Der Gesamtweg in den ersten 6 Sekunden ist das Integral $\displaystyle\int_0^6 f(t)\,dt$. Der Wert dieses Integrals wurde in Teilaufgabe d bereits berechnet.
„Der von 0 bis t* zurückgelegte Weg ist dreimal so groß wie der von t* bis 6 zurückgelegte Weg" bedeutet: Drei Viertel des Gesamtwegs werden im Zeitraum von 0 bis t* zurückgelegt. Dies führt zur angegebenen Integralgleichung, aus der sich die Gleichung $F(t^*) - F(0) = \dfrac{3}{4} \cdot 38,1$ ergibt; diese wird nun nach t* aufgelöst.

➕ *Alternativer Ansatz:*

$\displaystyle\int_0^{t^*} f(t)\,dt = 3 \cdot \int_{t^*}^6 f(t)\,dt$

Die Gleichung $F(t^*) - F(0) = 3 \cdot (F(6) - F(t^*))$ wird nach $F(t^*)$ bzw. t* aufgelöst.

**Musteraufgabe 8** (ohne Taschenrechner, ohne Merkhilfe)

Der Graph beschreibt den Bremsvorgang eines Autos (t ist die Zeit in Sekunden, y = v(t) die Geschwindigkeit in Meter pro Sekunde).

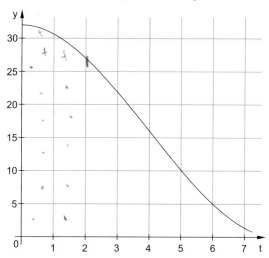

a) Geben Sie die Geschwindigkeit des Autos nach fünf Sekunden an.

b) Ermitteln Sie den Zeitpunkt, zu dem die Geschwindigkeit des Autos $5\,\frac{m}{s}$ beträgt.

c) Bestimmen Sie die Strecke, die das Auto in den ersten zwei Sekunden des Bremsvorgangs zurücklegt.

d) Untersuchen Sie, wann die Geschwindigkeit am schnellsten abnimmt.

e) Es gilt $v(t) = \frac{1}{8}t^3 - \frac{3}{2}t^2 + 32$. Ab t = 4 wird der Bremsvorgang jetzt durch die Tangente an den Graphen im Punkt B(4|16) modelliert.
Ermitteln Sie, wann das Auto nach dieser Modellierung zum Stillstand kommt.

f) Es sei $f(x) = e^{-x}$ und $g(x) = -x + c$. Ermitteln Sie den Wert für c, sodass sich die Graphen von f und g berühren. Bestimmen Sie den Berührpunkt.

➡ **Eine passende Musteraufgabe zu Teil 2 der Prüfung finden Sie auf Seite 156.**

## Lösungsvorschlag

**Prüfungsinhalte**  Geschwindigkeit und Strecke, Wendepunkt, Tangente, Exponentialfunktion, lineare Funktion, Berührpunkt

**a)** $v(5) = 10$

 Die Geschwindigkeit des Autos nach fünf Sekunden beträgt $10\,\frac{m}{s}$.

**TIPP** Bei Formulierungen mit „geben Sie an" ist *keine Begründung* erforderlich. Es schadet aber nicht, wenn Sie in Ihrem Vortrag auf das Ablesen des Wertes am Graphen eingehen.

**b)** $y = 5$

Schnittpunkt $\Rightarrow$ $t = 6$

Man zeichnet die Parallele $y = 5$ zur t-Achse ein.
Der Schnittpunkt dieser Parallele mit dem Graphen hat den t-Wert 6, siehe Skizze.
Nach 6 Sekunden beträgt die Geschwindigkeit des Autos also $5\,\frac{m}{s}$.

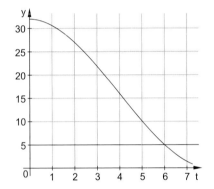

**c)** $\int_0^2 v(t)\,dt \;\Rightarrow\; 12$ Kästchen

1 Kästchen $\stackrel{\triangle}{=} 5\,m$

$12 \cdot 5 = 60$

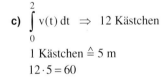 Das Integral über die Geschwindigkeit ergibt den zurückgelegten Weg. Es geht um die ersten 2 Sekunden, also um das Integral $\int_0^2 v(t)\,dt$.
Anschaulich entspricht es der Fläche zwischen Graph und t-Achse von 0 bis 2.

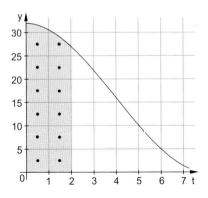

Man zählt die Kästchen zwischen Graph und t-Achse zusammen und erhält etwa 12 Kästchen, siehe Skizze. Ein Kästchen entspricht jedoch nicht 1 Flächeneinheit, sondern 5 Einheiten (1 mal 5). Die Anzahl der Kästchen muss man daher noch mit 5 multiplizieren; 12 mal 5 ist 60.
Das Auto legt also in den ersten zwei Sekunden eine Strecke von 60 Meter zurück.

**d)** stärkste Abnahme $\triangleq$ Wendepunkt
$\Rightarrow$ t ≈ 4

Die stärkste Abnahme erfolgt an der Stelle, an der der Graph einen Wendepunkt besitzt. Der Abbildung kann man entnehmen, dass dies bei etwa t = 4 der Fall ist. Nach 4 Sekunden nimmt also die Geschwindigkeit am schnellsten ab.

➕ Der Term $v(t) = \frac{1}{8}t^3 - \frac{3}{2}t^2 + 32$ steht im Aufgabentext erst bei Teilaufgabe e. Verwendet man ihn trotzdem, kann man die Aufgabe auch rechnerisch lösen. Die stärkste Abnahme befindet sich an der Stelle, an der die erste Ableitung ihren Tiefpunkt hat. Man kann also v(t) ableiten und mit den bekannten Bedingungen den Tiefpunkt der Ableitung ermitteln (v''(t) = 0 und v'''(t) > 0). Die t-Koordinate des Tiefpunktes ist der gesuchte Wert.

**e)** Tangente: $y = v'(u) \cdot (t - u) + v(u)$

B(4 | 16) $\Rightarrow$ u = 4; v(u) = 16

$v'(t) = \frac{3}{8}t^2 - 3t$

$v'(4) = \frac{3}{8} \cdot 4^2 - 3 \cdot 4$

$= \frac{3}{8} \cdot 16 - 12 = 6 - 12 = -6$

$\Rightarrow$ Tangente: $y = -6 \cdot (t - 4) + 16$
$= -6t + 24 + 16$
$= -6t + 40$

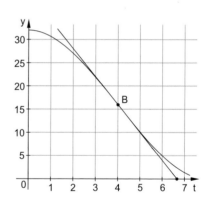

Stillstand:   y = 0
$-6t + 40 = 0$

$t = \frac{40}{6} = \frac{20}{3} = 6,\overline{6} \approx 6,7$

Die Geschwindigkeit wird ab t = 4 durch die Tangente in B beschrieben. Zuerst stellt man deshalb die Tangentengleichung auf. Dazu berechnet man v'(4) und erhält −6. Die Tangentengleichung lautet damit y = −6t + 40, siehe Rechnung. Stillstand bedeutet, dass die Geschwindigkeit null ist. Die Gleichung y = 0 hat als Lösung $\frac{20}{3}$, also $6,\overline{6}$. Nach etwa 6,7 Sekunden kommt das Auto nach dieser Modellierung zum Stillstand.

⊞ *Alternativer Ansatz:*
Ansatz für Tangente: y = mt + c
m = v'(4) = −6, also y = −6t + c
Man führt die Punktprobe mit B(4 | 16) durch und berechnet so c.
Anschließend setzt man y = 0 und löst nach t auf.

**f)** c = ?
(1) f(x) = g(x)
   $e^{-x} = -x + c$
(2) f'(x) = g'(x)
   $-e^{-x} = -1$
   $e^{-x} = 1$
   $x = 0$
in (1): $e^{-0} = -0 + c \Rightarrow c = 1$
B = ?
$x = 0 \Rightarrow y = e^{-0} = 1 \Rightarrow B(0 | 1)$

 Für eine Berührung gelten die Bedingungen f(x) = g(x) und f'(x) = g'(x).
Die erste Bedingung führt zu $e^{-x} = -x + c$, was schwer zu lösen ist.
Die zweite Bedingung lautet $-e^{-x} = -1$; dies ist leichter, dort setzt man daher an.
$e^{-x} = 1$ bedeutet $-x = \ln(1)$, also $x = 0$, weil $\ln(1)$ gleich null ist.
Nun setzt man $x = 0$ in die erste Gleichung ein und erhält $e^{-0} = -0 + c$, also $c = 1$, denn $e^0$ ist 1. Der gesuchte Wert für c ist 1.

Die x-Koordinate des Berührpunktes ist 0, das hat man gerade ausgerechnet.
Um y zu ermitteln, setzt man x = 0 z. B. in f(x) ein: $y = e^{-0} = 1$
Der Berührpunkt ist B(0 | 1).

⊞ Eine Probe in g mit x = 0 und c = 1 ergibt ebenfalls y = −0 + 1 = 1.

# Baden-Württemberg ▪ Basisfach Mathematik
Mündliche Abiturprüfung ▪ Teil 1 (Vortrag) ▪ Geometrie

## Musteraufgabe 9 (mit Taschenrechner, mit Merkhilfe)

Die Skizze zeigt eine vierseitige Pyramide im Koordinatensystem.

Es ist bekannt:
A(2|2|0), B(–2|2|0), C(–2|–2|0), D(2|–2|0), S(0|0|4)

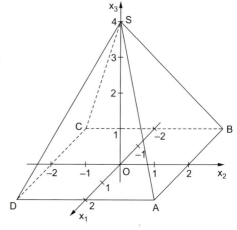

a) Begründen Sie, dass die Grundfläche ABCD ein Quadrat ist, und berechnen Sie das Volumen der Pyramide.

b) Zeigen Sie, dass die Seitenfläche ABS in der Ebene F: $2x_2 + x_3 = 4$ liegt.

c) Berechnen Sie den Abstand des Ursprungs O von der Ebene F exakt.

d) Ermitteln Sie den Neigungswinkel der Kante AS zur Grundfläche der Pyramide.

e) Begründen Sie: Es gibt genau einen Punkt P(0|0|h) im Inneren der Pyramide, der von allen Seitenflächen und der Grundfläche der Pyramide gleich weit entfernt ist. Beschreiben Sie ein Verfahren zur Ermittlung von h.

▶ **Eine passende Musteraufgabe zu Teil 2 der Prüfung finden Sie auf Seite 105.**

# Lösungsvorschlag

**Prüfungsinhalte** Quadrat, Pyramide, Volumen, Koordinatengleichung einer Ebene, Punktprobe, Abstand Punkt–Ebene, Schnittwinkel Gerade–Ebene

a) $\left.\begin{array}{l}\overline{AB} = \overline{BC} = \overline{CD} = \overline{DA} = 4 \\ \text{alle Winkel } 90°\end{array}\right\} \Rightarrow$ Quadrat

$V = \frac{1}{3} \cdot G \cdot h = \frac{1}{3} \cdot 16 \cdot 4 = \frac{64}{3}$ (Merkhilfe, Seite 2, Pyramide)

🗣️ Die Grundfläche ABCD ist ein Quadrat mit der Seitenlänge 4. Dies ist so, da die Seiten des Quadrates parallel zur $x_1$- bzw. $x_2$-Achse verlaufen. Die Länge 4 entsteht als $2+2$ aus den Koordinaten der Punkte. Da die $x_1$- und die $x_2$-Achse senkrecht zueinander sind, betragen auch die Winkel bei A, B, C und D je 90°.

Das Volumen einer Pyramide berechnet man mit der Formel $V = \frac{1}{3} \cdot G \cdot h$, wobei die Grundfläche hier $G = 4 \cdot 4 = 16$ und die Höhe $h = \overline{OS} = 4$ ist. Es ergibt sich $V = \frac{64}{3}$, siehe Rechnung.

b) $F: 2x_2 + x_3 = 4$

$A(2|2|0) \rightarrow 2 \cdot 2 + 0 = 4$ ✓
$B(-2|2|0) \rightarrow 2 \cdot 2 + 0 = 4$ ✓
$S(0|0|4) \rightarrow 0 + 4 = 4$ ✓

🗣️ Es reicht zu zeigen, dass die drei Punkte A, B und S in der Ebene F liegen. Die Punktprobe geht bei allen Punkten auf. Also liegt die Seitenfläche ABS in der Ebene F.

*Anmerkung:* Die bekannte Vorgehensweise, mithilfe der Punkte A, B und S zuerst eine Parametergleichung der Ebene aufzustellen und diese dann in eine Koordinatengleichung umzuformen, ist hier aus zeitlichen Gründen nicht zu empfehlen.

c) Lotgerade $g: \vec{x} = \begin{pmatrix} 0 \\ 0 \\ 0 \end{pmatrix} + t \cdot \begin{pmatrix} 0 \\ 2 \\ 1 \end{pmatrix}$ also $\vec{x} = t \cdot \begin{pmatrix} 0 \\ 2 \\ 1 \end{pmatrix}$

$x_2 = 2t$ und $x_3 = t$ in F:

$2 \cdot 2t + t = 4 \Rightarrow t = \frac{4}{5}$

Lotfußpunkt $L\left(0 \left| \frac{8}{5} \right| \frac{4}{5}\right)$

Abstand $\overline{OL} = \sqrt{(0-0)^2 + \left(\frac{8}{5}-0\right)^2 + \left(\frac{4}{5}-0\right)^2} = \sqrt{\frac{80}{25}} = \frac{\sqrt{80}}{5} = \frac{4\sqrt{5}}{5}$

Man kann zunächst die Gleichung der Lotgeraden g aufstellen. Diese ist senkrecht zu F und geht durch den Ursprung O. Der Normalenvektor der Ebene F wird Richtungsvektor und der Ursprung wird Stützpunkt der Lotgeraden. Im nächsten Schritt berechnet man den Schnittpunkt von g und F; dies ist der Lotfußpunkt L. Schließlich ermittelt man den Abstand der Punkte O und L. Dies ist das gesuchte Ergebnis, siehe Rechnung.

**d)** AS: $\vec{x} = \begin{pmatrix} 2 \\ 2 \\ 0 \end{pmatrix} + t \cdot \begin{pmatrix} -2 \\ -2 \\ 4 \end{pmatrix}$;  E: $x_3 = 0$ $\Rightarrow$ $\vec{n} = \begin{pmatrix} 0 \\ 0 \\ 1 \end{pmatrix}$

$\sin \alpha = \dfrac{\left| \begin{pmatrix} -2 \\ -2 \\ 4 \end{pmatrix} \cdot \begin{pmatrix} 0 \\ 0 \\ 1 \end{pmatrix} \right|}{\left| \begin{pmatrix} -2 \\ -2 \\ 4 \end{pmatrix} \right| \cdot \left| \begin{pmatrix} 0 \\ 0 \\ 1 \end{pmatrix} \right|} = \dfrac{|0+0+4 \cdot 1|}{\sqrt{(-2)^2 + (-2)^2 + 4^2} \cdot \sqrt{1^2}} = \dfrac{4}{\sqrt{24}} \approx 0{,}8165$

$\Rightarrow$ $\alpha \approx 54{,}74°$ (Merkhilfe, Seite 7, Schnittwinkel Gerade–Ebene)

Es geht um den Winkel zwischen einer Geraden und einer Ebene. Zunächst stellt man die Gleichung der Geraden auf, die durch A und S geht. Die Grundfläche der Pyramide liegt in der $x_1 x_2$-Ebene mit dem Normalenvektor $\vec{n} = \begin{pmatrix} 0 \\ 0 \\ 1 \end{pmatrix}$.
Von der Geraden nimmt man den Richtungsvektor. Die zwei Vektoren setzt man in die Winkelformel ein, siehe Rechnung. Aus dem Sinuswert 0,8165 berechnet man den Winkel 54,74° mit dem WTR.

**e)** *Begründung:*
$P_1$ $\Rightarrow$ $d(P_1; G) < d(P_1; F)$
$P_2$ $\Rightarrow$ $d(P_2; G) > d(P_2; F)$
Irgendwo dazwischen ein P mit:
$d(P; G) = d(P; F)$

*Verfahren:*
$d(P; G) = d(P; F)$
$d(P; G) = h$  $(*)$
Ermittlung von $d(P; F)$:
(1) Lotgerade
(2) Schnittpunkt
(3) Abstand zweier Punkte
Einsetzen von $d(P; F)$ in $(*)$
und Auflösen nach h

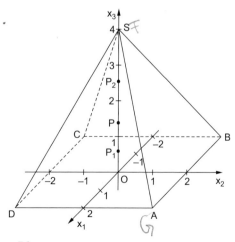

🗣 Da die Pyramide regelmäßig ist, reicht es, wenn man die Seitenfläche F und die Grundfläche G betrachtet.

*Begründung, dass es genau einen solchen Punkt P gibt:*
Wenn der Punkt $P(0|0|h)$ nahe beim Ursprung liegt, ist der Abstand zur Grundfläche kleiner als zur Seitenfläche F, siehe $P_1$. Wenn der Punkt P hingegen nahe bei der Spitze S liegt, ist der Abstand zur Grundfläche größer als zur Seitenfläche F, siehe $P_2$. Allgemein gilt: Wenn man den Punkt $P(0|0|h)$ vom Ursprung Richtung Spitze S bewegt, steigt der Abstand des Punktes P zur Grundfläche und sinkt der Abstand zur Seitenfläche F. Es gibt also genau eine Lage des Punktes P, bei der der Übergang zwischen kleiner und größer stattfindet. Für diesen Punkt P gilt dann $d(P; G) = d(P; F)$.

*Verfahren, um h zu ermitteln:*
Die Bedingung lautet $d(P; G) = d(P; F)$. Es gilt $d(P; G) = h$, da P auf der $x_3$-Achse liegt. Um $d(P; F)$ zu ermitteln, stellt man zunächst die Gleichung der Lotgeraden auf, die senkrecht zu F ist und durch P geht. Der Normalenvektor der Ebene F wird Richtungsvektor und der Punkt P wird Stützpunkt der Lotgeraden. Im nächsten Schritt berechnet man den Lotfußpunkt L als Schnittpunkt der Lotgeraden mit der Ebene F; die Koordinaten von L sind von h abhängig. Anschließend ermittelt man $d(P; F)$ als Abstand der Punkte P und L in Abhängigkeit von h. Diesen Abstand setzt man in die Gleichung $h = d(P; F)$ ein und löst nach h auf.

➕ Die Durchführung des Verfahrens führt auf folgende Rechnungen:

Lotgerade k: $\vec{x} = \begin{pmatrix} 0 \\ 0 \\ h \end{pmatrix} + t \cdot \begin{pmatrix} 0 \\ 2 \\ 1 \end{pmatrix}$

$x_2 = 2t$ und $x_3 = h + t$ in F: $2 \cdot 2t + h + t = 4$

$$\Rightarrow t = \frac{4-h}{5}$$

Lotfußpunkt $L\left(0 \,\middle|\, \frac{8-2h}{5} \,\middle|\, h + \frac{4-h}{5}\right)$

$\overline{PL} = \sqrt{(0-0)^2 + \left(\frac{8-2h}{5} - 0\right)^2 + \left(h + \frac{4-h}{5} - h\right)^2} = \sqrt{\left(\frac{8-2h}{5}\right)^2 + \left(\frac{4-h}{5}\right)^2}$

Bedingung: $d(P; G) = d(P; F)$

$\Rightarrow h = \sqrt{\left(\frac{8-2h}{5}\right)^2 + \left(\frac{4-h}{5}\right)^2}$

Quadrieren und Gleichung nach h auflösen.

*Anmerkung:* Die Lösung der Gleichung ist $h = \frac{4}{1+\sqrt{5}} = \sqrt{5} - 1 \approx 1{,}236$. Dies dient zur Kontrolle, falls Sie die Gleichung (außerhalb der Prüfungszeit) zu Ende lösen möchten.

## Musteraufgabe 10 (ohne Taschenrechner, ohne Merkhilfe)

 a) Ein Würfel wird von einer Ebene geschnitten. Zeigen Sie, dass folgende Schnittfiguren möglich sind:
(1) ein gleichseitiges Dreieck
(2) ein Rechteck, das kein Quadrat ist
(3) ein gleichschenkliges, aber nicht gleichseitiges Dreieck
(4) ein regelmäßiges Sechseck

*Lösungshinweis:* Zeichnen Sie dazu je eine passende Schnittfigur in die abgebildeten Würfel ein und erläutern Sie deren Lage.

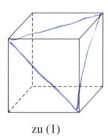 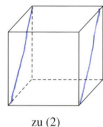 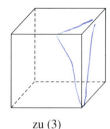 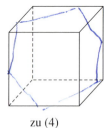

zu (1)   zu (2)   zu (3)   zu (4)

Gegeben sind die Punkte A(2|1|6) und B(2|5|6) und die Gerade g: $\vec{x} = \begin{pmatrix} 4 \\ 3 \\ 6 \end{pmatrix} + t \cdot \begin{pmatrix} 1 \\ 1 \\ 0 \end{pmatrix}$.

b) Zeigen Sie, dass der Punkt A auf der Geraden g liegt und der Punkt B nicht auf der Geraden g liegt.

c) Der Punkt P liegt auf der Geraden g und das Dreieck ABP ist rechtwinklig bei P. Ermitteln Sie die Koordinaten des Punktes P.

d) Beschreiben Sie ein Verfahren, wie man alle Punkte P auf g bestimmen kann, sodass das Dreieck ABP an einem der drei Eckpunkte rechtwinklig wird.

⟹ Eine passende Musteraufgabe zu Teil 2 der Prüfung finden Sie auf Seite 109.

# Lösungsvorschlag

**Prüfungsinhalte** Würfel, gleichseitiges Dreieck, gleichschenkliges Dreieck, regelmäßiges Sechseck, Schnittfiguren, Geradengleichung, Punktprobe, rechtwinkliges Dreieck, Skalarprodukt

**a)** Skizzen:

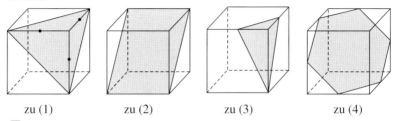

zu (1)   zu (2)   zu (3)   zu (4)

Bei (1) sind die Eckpunkte des Dreiecks Eckpunkte des Würfels.
Bei (2) wählt man zwei parallele und diagonal gegenüberliegende Würfelkanten als Rechteckseiten.
Bei (3) sind zwei Eckpunkte des Dreiecks Kantenmittelpunkte und der dritte ist ein Würfeleckpunkt.
Bei (4) sind alle Eckpunkte des Sechsecks Kantenmittelpunkte.
*Anmerkung:* Es gibt jeweils auch andere mögliche Lösungen.

$\boxed{+}$ Zu (1): Es gibt auch Lösungen, die dadurch entstehen, dass alle Eckpunkte des Dreiecks Kantenmittelpunkte sind. Drei solche Punkte sind in der Skizze oben markiert.
Zu (2): Wenn man den Würfel mit einer Ebene parallel zu einer Seitenfläche durchschneidet, ist die Schnittfläche ein Quadrat. Ein Quadrat ist zwar ein Sonderfall des Rechtecks, dieser Fall wurde aber bei Punkt (2) ausgeschlossen.
Zu (3): Das gleichseitige Dreieck aus (1) ist zwar auch gleichschenklig, dieser Fall wurde aber ausgeschlossen.

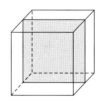

**b)** Punkt A:
$$\left.\begin{array}{l} 4+t=2 \;\Rightarrow\; t=-2 \\ 3+t=1 \;\Rightarrow\; t=-2 \\ 6=6 \;\checkmark \end{array}\right\} \;\Rightarrow\; \text{A liegt auf g.}$$

Punkt B:
$$\left.\begin{array}{l} 4+t=2 \;\Rightarrow\; t=-2 \\ 3+t=5 \;\Rightarrow\; t=2 \end{array}\right\} \;\Rightarrow\; \text{B liegt nicht auf g.}$$

🗣 Bei der Punktprobe mit dem Punkt A erhält man in den einzelnen Gleichungen denselben Wert für t, nämlich –2. Dies bedeutet, dass der Punkt A auf der Geraden g liegt.
Bei der Punktprobe mit dem Punkt B erhält man unterschiedliche Werte für t, nämlich –2 und 2. Daraus folgt, dass der Punkt B nicht auf der Geraden g liegt.

c) $\begin{pmatrix} 4 \\ 3 \\ 6 \end{pmatrix} + t \cdot \begin{pmatrix} 1 \\ 1 \\ 0 \end{pmatrix} = \begin{pmatrix} 4+t \\ 3+t \\ 6 \end{pmatrix} \Rightarrow P(4+t\,|\,3+t\,|\,6)$

$$\overrightarrow{AP} \cdot \overrightarrow{BP} = 0$$

$$\begin{pmatrix} 2+t \\ 2+t \\ 0 \end{pmatrix} \cdot \begin{pmatrix} 2+t \\ t-2 \\ 0 \end{pmatrix} = 0$$

$(2+t)^2 + (2+t) \cdot (t-2) = 0$
$\quad (2+t) \cdot (2+t+t-2) = 0$
$\quad\quad\quad (2+t) \cdot 2t = 0$

$t_1 = -2 \Rightarrow P_1(2\,|\,1\,|\,6) = A$ aber: $ABP_1$ ist kein Dreieck!
$t_2 = 0 \Rightarrow P_2(4\,|\,3\,|\,6)$ ✓

🗣 Zunächst betrachtet man einen allgemeinen Punkt P der Geraden g. Die Bedingung für einen rechten Winkel bei P ist, dass das Skalarprodukt der Vektoren $\overrightarrow{AP}$ und $\overrightarrow{BP}$ null ergibt. Diese Gleichung löst man nach t auf.
Setzt man die erhaltenen t-Werte in den allgemeinen Punkt ein, erhält man die Punkte $P_1(2\,|\,1\,|\,6)$ und $P_2(4\,|\,3\,|\,6)$. Der Punkt $P_1$ fällt jedoch mit A zusammen; $ABP_1$ ist somit kein Dreieck, sondern nur eine Strecke. Den Punkt $P_1$ muss man daher verwerfen. Der gesuchte Punkt ist damit $P(4\,|\,3\,|\,6)$.

d) 90° bei P, siehe Teilaufgabe c ✓
neu: 90° bei A; 90° bei B
Bedingung: Skalarprodukt null
$\overrightarrow{PA} \cdot \overrightarrow{BA} = 0$ bzw. $\overrightarrow{PB} \cdot \overrightarrow{AB} = 0$

🗣 In Teilaufgabe c hat man nur den Fall untersucht, dass es bei P einen rechten Winkel gibt; nun kann der rechte Winkel bei einem beliebigen Eckpunkt des Dreiecks ABP sein. Mit dem allgemeinen Punkt P der Geraden kann man wie in Teilaufgabe c vorgehen.
Für den rechten Winkel bei A lautet die Bedingung $\overrightarrow{PA} \cdot \overrightarrow{BA} = 0$ und für den rechten Winkel bei B entsprechend $\overrightarrow{PB} \cdot \overrightarrow{AB} = 0$. Daraus können sich weitere Lösungen ergeben. Am Ende zählt man alle erhaltenen Punkte P auf.

## Musteraufgabe 11 (ohne Taschenrechner, ohne Merkhilfe)

Gegeben sind der Punkt P(6|5|4), die Gerade g: $\vec{x} = \begin{pmatrix} 1 \\ 2 \\ 3 \end{pmatrix} + t \cdot \begin{pmatrix} 2 \\ 1 \\ -6 \end{pmatrix}$ und die Ebene
E: $2x_1 + 2x_2 + x_3 = 18$.

a) Die Gerade h geht durch den Punkt P und ist parallel zu g. Stellen Sie eine Gleichung von h auf.

b) Weisen Sie nach, dass g und E parallel sind.

c) Berechnen Sie den Abstand der Geraden g zur Ebene E.

Gegeben sind die Punkte A(0|0|0), B(2|−1|2), C(1|1|0), D(−1|2|2).

d) Zeigen Sie, dass das Dreieck BCD gleichschenklig und bei C rechtwinklig ist.

e) Wie kann man untersuchen, ob A, B, C, D die Eckpunkte eines Quadrates sind? Beschreiben Sie ein mögliches Verfahren.

➡ **Eine passende Musteraufgabe zu Teil 2 der Prüfung finden Sie auf Seite 113.**

# Lösungsvorschlag

**Prüfungsinhalte**  Gerade, Ebene, Parallelität, Abstand Punkt–Ebene, gleichschenkliges Dreieck, rechtwinkliges Dreieck, Quadrat

**a)** h: $\vec{x} = \begin{pmatrix} 6 \\ 5 \\ 4 \end{pmatrix} + t \cdot \begin{pmatrix} 2 \\ 1 \\ -6 \end{pmatrix}$

**TIPP**  Bei parallelen Geraden sind die Richtungsvektoren gleich oder ein Vielfaches voneinander.

Als Stützpunkt der Geraden h kann man den Punkt P verwenden. Der Ortsvektor von P ist somit der Stützvektor von h. Da die zwei Geraden g und h parallel sind, kann man für h den Richtungsvektor von g übernehmen. So entsteht die Gleichung von h.

**b)** $\left.\begin{array}{l} x_1 = 1 + 2t \\ x_2 = 2 + t \\ x_3 = 3 - 6t \end{array}\right\} \Rightarrow$ in E:

$$2 \cdot (1 + 2t) + 2 \cdot (2 + t) + (3 - 6t) = 18$$
$$2 + 4t + 4 + 2t + 3 - 6t = 18$$
$$9 = 18 \quad \text{keine Lösung} \Rightarrow g \parallel E$$

Zunächst schreibt man die Geradengleichung von g getrennt nach $x_1$, $x_2$ und $x_3$ auf und setzt die Terme in die Gleichung von E ein. Die Rechnung zeigt, dass die Gleichung keine Lösung hat. Dies bedeutet, dass die Gerade g und die Ebene E keine gemeinsamen Punkte haben. Daher müssen sie parallel sein.

*Alternativlösung:*
Man zeigt, dass der Normalenvektor der Ebene und der Richtungsvektor der Geraden senkrecht zueinander sind. Dafür muss das Skalarprodukt null sein:

$$\begin{pmatrix} 2 \\ 2 \\ 1 \end{pmatrix} \cdot \begin{pmatrix} 2 \\ 1 \\ -6 \end{pmatrix} = 2 \cdot 2 + 2 \cdot 1 + 1 \cdot (-6) = 4 + 2 - 6 = 0 \checkmark$$

Damit ist g parallel zu E.

Man kann noch zeigen, dass die Gerade nicht in der Ebene liegt. Dazu macht man die Punktprobe mit dem Stützpunkt (1|2|3) der Geraden in der Ebene:
$2 \cdot 1 + 2 \cdot 2 + 3 = 18$ ist falsch, also liegt g nicht in E.

**c)** Lotgerade g*: $\vec{x} = \begin{pmatrix} 1 \\ 2 \\ 3 \end{pmatrix} + t \cdot \begin{pmatrix} 2 \\ 2 \\ 1 \end{pmatrix}$ mit Q(1|2|3)

$\left.\begin{array}{l} x_1 = 1 + 2t \\ x_2 = 2 + 2t \\ x_3 = 3 + t \end{array}\right\} \Rightarrow$ in E:

$2 \cdot (1 + 2t) + 2 \cdot (2 + 2t) + (3 + t) = 18$
$\quad\quad 2 + 4t + 4 + 4t + 3 + t = 18$
$\quad\quad\quad\quad\quad\quad\quad\quad 9 + 9t = 18$
$\quad\quad\quad\quad\quad\quad\quad\quad\quad\quad 9t = 9$
$\quad\quad\quad\quad\quad\quad\quad\quad\quad\quad\;\; t = 1 \Rightarrow$ Lotfußpunkt L(3|4|4)

$d(g; E) = d(Q; L) = \sqrt{(3-1)^2 + (4-2)^2 + (4-3)^2} = \sqrt{4+4+1} = \sqrt{9} = 3$

Da g parallel zu E verläuft, hat jeder Punkt der Geraden denselben Abstand zur Ebene. Man kann den Stützpunkt Q(1|2|3) nehmen und stellt zunächst die Gleichung der Lotgeraden g* durch Q auf. Der Normalenvektor der Ebene E wird Richtungsvektor von g*, der Punkt Q wird Stützpunkt von g*.
Im nächsten Schritt berechnet man den Schnittpunkt von g* und E, also den Lotfußpunkt L. Schließlich ermittelt man den Abstand der Punkte Q und L. Dies ist das gesuchte Ergebnis, siehe Rechnung.

**d)** $\overline{BC} = \sqrt{(1-2)^2 + (1-(-1))^2 + (0-2)^2} = \sqrt{1+4+4} = \sqrt{9} = 3$

$\overline{CD} = \sqrt{(-1-1)^2 + (2-1)^2 + (2-0)^2} = \sqrt{4+1+4} = \sqrt{9} = 3$

Rechter Winkel $\hat{=}$ Skalarprodukt null

$\overrightarrow{DC} \cdot \overrightarrow{CB} = \begin{pmatrix} 2 \\ -1 \\ -2 \end{pmatrix} \cdot \begin{pmatrix} 1 \\ -2 \\ 2 \end{pmatrix} = 2 \cdot 1 + (-1) \cdot (-2) + (-2) \cdot 2 = 2 + 2 - 4 = 0$ ✓

Um zu zeigen, dass das Dreieck gleichschenklig ist, berechnet man die Seitenlängen. Man sieht, dass $\overline{BC}$ und $\overline{CD}$ gleich groß sind. Damit ist das Dreieck BCD gleichschenklig.

**TIPP** Da das Dreieck bei C rechtwinklig sein soll, können die gleich langen Seiten nur BC und CD sein.

Um zu beweisen, dass bei C ein rechter Winkel vorliegt, zeigt man, dass das Skalarprodukt der Vektoren $\overrightarrow{DC}$ und $\overrightarrow{CB}$ null ergibt, siehe Rechnung.

**e)** ABCD Quadrat, wenn:
A, B, C, D in einer Ebene
und
$\overline{AB} = \overline{BC} = \overline{CD} = \overline{DA}$ mit 90°-Winkel

🗨️ Damit die vier Punkte ein Quadrat bilden können, müssen sie in einer Ebene liegen. Um das zu untersuchen, stellt man die Gleichung einer Ebene auf, die durch drei Punkte bestimmt wird, und prüft, ob der vierte Punkt ebenfalls in dieser Ebene liegt. Nur wenn diese Punktprobe aufgeht, liegen die vier Punkte in einer Ebene.
Wenn diese Voraussetzung erfüllt ist, muss man weiter schauen, ob alle vier Seiten gleich lang sind und (mindestens) ein Winkel 90° ist.
Wenn die vier Punkte **nicht** in einer Ebene liegen, dann ist ABCD **kein** Quadrat.

➕ *Alternative Bedingungen für ein Quadrat:*
Wenn die vier Punkte in einer Ebene liegen, kann man auch folgende alternative Bedingungen verwenden:
Die gegenüberliegenden Seiten sind paarweise parallel, zwei benachbarte Seiten sind gleich lang und ein Winkel ist 90°.
*Oder:*
Alle Winkel sind 90° und zwei benachbarte Seiten sind gleich lang.

➕ Man kann zeigen, dass für die gegebenen Punkte gilt: $\overline{AB} = \overline{BC} = \overline{CD} = \overline{DA}$ und die Winkel bei A und C sind 90° – einiges davon wurde schon bewiesen. ABCD ist aber trotzdem kein Quadrat, weil die vier Punkte nicht in einer Ebene liegen.
Wie sieht wohl das Viereck ABCD im Raum aus? Vermutlich wie eine Serviette, die man gefaltet hat. Man kann dazu ein quadratisches Stück Papier nehmen und es entlang einer Diagonale falten, ohne es ganz zusammenzulegen. Die vier Seitenlängen und die zwei rechten Winkel bei A und C bleiben dabei unverändert.

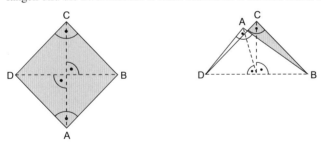

💡 **TIPP** Damit vier Punkte ein Quadrat, ein Rechteck, ein Parallelogramm oder eine Raute (also ein ebenes Viereck) bilden, müssen alle Punkte in *derselben Ebene* liegen. Dies muss man zunächst prüfen.

## Musteraufgabe 12 (mit Taschenrechner, ohne Merkhilfe)

Im Quader ABCDEFGH liegt A im Koordinatenursprung, B auf der $x_1$-Achse, D auf der $x_2$-Achse und F auf der $x_3$-Achse. Der Eckpunkt H hat zudem die Koordinaten H(2|4|3).

a) Geben Sie die Koordinaten der Punkte B, C, D, E, F und G an.

b) Zeigen Sie rechnerisch, dass die Strecken GC und DF parallel sind.

c) Ermitteln Sie eine Gleichung der Ebene $E_1$, in der die Kanten BC und EF liegen. Begründen Sie, dass die Ebene $E_1$ parallel zur $x_2$-Achse verläuft.

P ist der Mittelpunkt der Kante GH, Q der Mittelpunkt der Kante HE und R der Mittelpunkt der Kante CH.

d) Begründen Sie ohne Rechnung, dass das Dreieck PQH rechtwinklig ist.

e) Berechnen Sie im Dreieck PQR den Innenwinkel bei P.

f) Von dem Quader ABCDEFGH wird die Pyramide PQRH abgeschnitten und entfernt. Ermitteln Sie das Volumen des Restkörpers.

➡ **Eine passende Musteraufgabe zu Teil 2 der Prüfung finden Sie auf Seite 116.**

# Lösungsvorschlag

**Prüfungsinhalte** Quader, Ebene, Parallelität, Mittelpunkt, rechtwinkliges Dreieck, Innenwinkel im Dreieck, Pyramide, Volumen

**a)** unten:            oben:
$A(0|0|0)$          $F(0|0|3)$ ✓
$B(2|0|0)$ ✓      $G(2|0|3)$ ✓
$C(2|4|0)$ ✓      $H(2|4|3)$
$D(0|4|0)$ ✓      $E(0|4|3)$ ✓

Die $x_1$- und die $x_2$-Koordinaten zweier direkt entsprechender Punkte der Grund- und der Deckfläche sind stets gleich. Für die Grundfläche gilt $x_3 = 0$, für die Deckfläche $x_3 = 3$. So kann man ausgehend von A und H systematisch vorgehen und die Koordinaten aller Eckpunkte aufschreiben.

**b)** $\overrightarrow{GC} = k \cdot \overrightarrow{DF}$

$$\begin{pmatrix} 0 \\ 4 \\ -3 \end{pmatrix} = k \cdot \begin{pmatrix} 0 \\ -4 \\ 3 \end{pmatrix}$$

$k = -1$ ✓

Zwei Strecken sind parallel, wenn die entsprechenden Vektoren ein Vielfaches voneinander sind. Hier ist die Bedingung für $k = -1$ erfüllt.

➕ Wegen $k = -1$ sind $\overrightarrow{GC}$ und $\overrightarrow{DF}$ Gegenvektoren.

**c)** $BC \parallel EF \Rightarrow$ legen Ebene fest

$E_1: \vec{x} = \overrightarrow{OB} + t \cdot \overrightarrow{BC} + s \cdot \overrightarrow{BE}$

$$E_1: \vec{x} = \begin{pmatrix} 2 \\ 0 \\ 0 \end{pmatrix} + t \cdot \begin{pmatrix} 0 \\ 4 \\ 0 \end{pmatrix} + s \cdot \begin{pmatrix} -2 \\ 4 \\ 3 \end{pmatrix}$$

$BC \parallel x_2$-Achse und $EF \parallel x_2$-Achse und BC und EF liegen in $E_1$
$\Rightarrow E_1 \parallel x_2$-Achse

Da BC und EF parallel zueinander sind, bestimmen sie eine Ebene. Man kann z. B. mithilfe der drei Punkte B, C und E die Gleichung aufstellen. Sowohl BC als auch EF sind parallel zur $x_2$-Achse. Somit ist auch $E_1$ parallel zur $x_2$-Achse.

*Alternativlösung:*
Die Spurpunkte von $E_1$ sind $B(2|0|0)$ und $F(0|0|3)$. $E_1$ hat daher die Gleichung:
$$\frac{x_1}{2} + \frac{x_3}{3} = 1 \quad |\cdot 6$$
$$3x_1 + 2x_3 = 6$$
Da diese Gleichung kein $x_2$ enthält, verläuft die Ebene parallel zur $x_2$-Achse.

*Anmerkung:* Man kann auch ohne Spurpunkte mithilfe des Vektorproduktes die Koordinatengleichung von $E_1$ ermitteln.

**d)** EFGH ist Rechteck $\Rightarrow$ ∢ bei H = 90°

Der Winkel bei H im Dreieck PQH ist auch Winkel des Rechtecks EFGH. Daher ist dieser Winkel ein 90°-Winkel.

**e)** $G(2|0|3)$ und $H(2|4|3)$ $\Rightarrow$ Mittelpunkt $P\left(\frac{2+2}{2} \Big| \frac{0+4}{2} \Big| \frac{3+3}{2}\right) = P(2|2|3)$

ebenso: $Q(1|4|3)$ und $R(2|4|1,5)$

$$\vec{PQ} = \begin{pmatrix} -1 \\ 2 \\ 0 \end{pmatrix}, \quad \vec{PR} = \begin{pmatrix} 0 \\ 2 \\ -1,5 \end{pmatrix}$$

$$\cos\alpha = \frac{\begin{pmatrix} -1 \\ 2 \\ 0 \end{pmatrix} \cdot \begin{pmatrix} 0 \\ 2 \\ -1,5 \end{pmatrix}}{\left|\begin{pmatrix} -1 \\ 2 \\ 0 \end{pmatrix}\right| \cdot \left|\begin{pmatrix} 0 \\ 2 \\ -1,5 \end{pmatrix}\right|} = \frac{0 + 2\cdot 2 + 0}{\sqrt{(-1)^2 + 2^2} \cdot \sqrt{2^2 + (-1,5)^2}} = \frac{4}{\sqrt{5} \cdot \sqrt{6,25}}$$

$$\cos\alpha = \frac{4}{\sqrt{31,25}} \approx 0,7155 \quad \Rightarrow \quad \alpha \approx 44,3°$$

Man braucht zunächst die Koordinaten der drei Mittelpunkte P, Q und R. Diese kann man mit der Mittelpunktsformel ermitteln.
Um den gesuchten Innenwinkel bei P zu berechnen, arbeitet man mit den Vektoren $\vec{PQ}$ und $\vec{PR}$. Man berechnet den Kosinus mit der Formel, siehe Rechnung. Daraus liefert der Taschenrechner den Winkel. Er beträgt etwa 44,3°.

**f)** $V_{Quader} = a \cdot b \cdot c = 4 \cdot 2 \cdot 3 = 24$

$V_{Pyramide} = \frac{1}{3} \cdot G \cdot h$

$G = A_{PHR} = \frac{\overline{PH} \cdot \overline{HR}}{2} = \frac{2 \cdot 1{,}5}{2} = 1{,}5$

$h = \overline{HQ} = 1$

$V_{Pyramide} = \frac{1}{3} \cdot 1{,}5 \cdot 1 = 0{,}5$

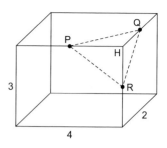

$V_{Rest} = V_{Quader} - V_{Pyramide} = 24 - 0{,}5 = 23{,}5$

Man berechnet das Volumen des Quaders und das Volumen der Pyramide. Bei der Pyramide kann man als Grundfläche z. B. das rechtwinklige Dreieck PHR nehmen und als Höhe HQ. Die benötigten Längen kann man direkt ablesen, man braucht also die Formel für den Abstand zweier Punkte nicht.
Beispiel PH: P(2|2|3) und H(2|4|3); in diesem Fall ergibt sich die Länge der Strecke PH als $4 - 2 = 2$; vgl. auch Skizze.
Zum Schluss zieht man vom Volumen des Quaders das Volumen der Pyramide ab. Der Restkörper hat das Volumen 23,5.

**Baden-Württemberg ▪ Basisfach Mathematik**
Mündliche Abiturprüfung ▪ Teil 1 (Vortrag) ▪ Stochastik

**Musteraufgabe 13** (mit Taschenrechner, ohne Merkhilfe)

Die Atome radioaktiver Elemente zerfallen nach einer gewissen Zeit. Im Folgenden ist mit der Lebensdauer solcher Atome die Zeit vom Beobachtungsbeginn bis zu ihrem Zerfall gemeint.
Die Zufallsgröße X sei die Lebensdauer eines zufällig ausgewählten Atoms des radioaktiven Elements Z (X in Sekunden).
Man weiß: X ist normalverteilt mit $\mu = 55{,}3$ und $\sigma = 8{,}1$.

a) Bestimmen Sie die Wahrscheinlichkeit, dass die Lebensdauer eines zufällig ausgewählten Atoms des Elements Z größer als eine Minute ist.

b) Geben Sie ein Ereignis im Sachzusammenhang an, dessen Wahrscheinlichkeit mit dem Term $P(X < \mu - \sigma) + P(X > \mu + \sigma)$ berechnet wird.

Im Diagramm rechts ist die zu einer Normalverteilung gehörende Glockenkurve dargestellt. Der Hochpunkt H und die beiden Wendepunkte $W_1$ und $W_2$ der Kurve sind ebenfalls eingezeichnet. Außerdem ist eine Fläche unter der Kurve hervorgehoben.

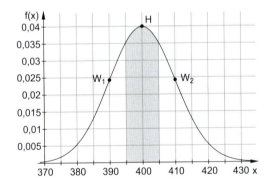

c) Geben Sie Erwartungswert und Standardabweichung der zur Glockenkurve gehörenden Normalverteilung an. Begründen Sie Ihre Wahl.

d) Begründen Sie mithilfe des Diagramms, dass für die zugrundeliegende Zufallsgröße X die Wahrscheinlichkeit $P(395 \leq X \leq 405)$ kleiner als 0,4 ist.

e) Von allen 30-jährigen, in Deutschland lebenden Personen wird zufällig eine Person ausgewählt. Die Zufallsgröße Y gibt die Körpergröße dieser Person an. Begründen Sie, dass Y nicht normalverteilt sein kann.

➠ Eine passende Musteraufgabe zu Teil 2 der Prüfung finden Sie auf Seite 119.

## Lösungsvorschlag

**Prüfungsinhalte**  normalverteilte Zufallsgröße, Glockenkurve, Erwartungswert, Standardabweichung, Wahrscheinlichkeit bei Normalverteilung

a)  1 min = 60 s

$P(X > 60) \approx 0{,}281$

🗣️ Da der Erwartungswert $\mu$ und die Standardabweichung $\sigma$ angegeben sind, kann man mithilfe des Taschenrechners die gesuchte Wahrscheinlichkeit berechnen. Als Intervallgrenzen wählt man 60 bis unendlich. Man erhält die Wahrscheinlichkeit 0,281.

b)  $P(X < \mu - \sigma) + P(X > \mu + \sigma)$

$\Rightarrow$ Abweichung vom Erwartungswert größer als eine Standardabweichung

🗣️ Der angegebene Term berechnet die Wahrscheinlichkeit, dass die Abweichung vom Erwartungswert größer als eine Standardabweichung ist.
Im Sachzusammenhang bedeutet das, dass die Lebensdauer eines zufällig ausgewählten Atoms des Elements Z um mehr als 8,1 Sekunden vom Erwartungswert 55,3 Sekunden abweicht.

c)  Erwartungswert $\mu = 400$
Standardabweichung $\sigma = 10$

🗣️ Den Erwartungswert einer Normalverteilung kann man am Hochpunkt der Glockenkurve ablesen. Auf der x-Achse findet man bei H den Wert 400. Somit beträgt der Erwartungswert 400.
Die Standardabweichung kann man in der Glockenkurve als Abstand der Wendestellen zur Extremstelle ablesen. Der x-Wert des linken Wendepunkts $W_1$ ist 390. Der Abstand von Extremstelle und Wendestelle beträgt damit $400 - 390 = 10$.
Also ist die Standardabweichung 10.

➕ Der x-Wert des rechten Wendepunkts $W_2$ ist 410. Auch hier beträgt der Abstand von Extremstelle und Wendestelle 10. Dies ist die Standardabweichung.

**TIPP** Die Glockenkurve verläuft immer symmetrisch zum Extrempunkt. Genauer: Sie ist achsensymmetrisch zur Geraden $x = \mu$ (Parallele zur y-Achse durch den Extrempunkt). Wegen der Symmetrie der Glockenkurve liegen auch die beiden Wendepunkte symmetrisch zum Extrempunkt.

**d)** $P(395 \leq X \leq 405) \triangleq$ markierte Fläche
Markierte Fläche: 14 ganze Kästchen und 2 nicht ganze Kästchen
$\Rightarrow$ markierte Fläche $< 16$ Kästchen
1 Kästchen $\triangleq 5 \cdot 0{,}005 = 0{,}025$
$\Rightarrow$ markierte Fläche $< 16 \cdot 0{,}025 = 0{,}4$

Die angegebene Wahrscheinlichkeit entspricht dem Inhalt der markierten Fläche, den man durch Abzählen der Kästchen ermitteln kann. Man zählt 14 ganze und 2 nicht ganze Kästchen. Die Fläche hat also weniger als 16 Kästchen. Ein Kästchen hat eine Breite von 5 und eine Höhe von 0,005 und somit eine Fläche von 0,025, womit 16 ganze Kästchen eine Fläche von 0,4 haben, siehe Rechnung. Da die markierte Fläche aber weniger als 16 Kästchen umfasst, ist auch die angegebene Wahrscheinlichkeit kleiner als 0,4.

[+] *Alternativlösung:*
Man kann die markierte Fläche auch abschätzen, indem man sie zu einem Rechteck durch den Hochpunkt ergänzt. Dieses Rechteck hat dann eine Breite von 10 und eine Höhe von 0,04. Sein Flächeninhalt beträgt also 0,4. Da das Rechteck größer als die markierte Fläche ist, muss deren Flächeninhalt kleiner als 0,4 sein. Damit ist die angegebene Wahrscheinlichkeit kleiner als 0,4.

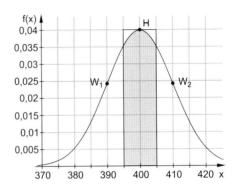

**e)** Frauen kleiner als Männer $\Rightarrow$ 2 Erwartungswerte $\Rightarrow$ keine Glockenkurve

Frauen haben eine geringere mittlere Körpergröße als Männer. Also wird die zur Wahrscheinlichkeitsverteilung von Y gehörende Kurve zwei Hochpunkte haben, einen beim Erwartungswert der Körpergröße von Frauen und einen beim Erwartungswert der Körpergröße von Männern. Da aber jede Glockenkurve genau einen Extrempunkt hat, ist die zu Y gehörende Kurve keine Glockenkurve. Die Wahrscheinlichkeitsverteilung von Y kann also keine Normalverteilung sein.

[+] Wenn man Männer und Frauen getrennt betrachtet, ergibt sich in beiden Fällen eine Glockenkurve und damit eine Normalverteilung der jeweiligen Körpergröße.

## Musteraufgabe 14 (mit Taschenrechner, mit Merkhilfe)

In einer Urne liegen drei weiße Kugeln und eine rote Kugel.
Bei einem Zufallsexperiment werden nacheinander zwei Kugeln ohne Zurücklegen gezogen.

a) Zeichnen Sie ein Baumdiagramm für das Zufallsexperiment. Notieren Sie an den Ästen die zugehörigen Wahrscheinlichkeiten.

b) Berechnen Sie die Wahrscheinlichkeiten der folgenden Ereignisse:
   A: Beide gezogenen Kugeln sind weiß.
   B: Die rote Kugel ist unter den gezogenen Kugeln.

Nun wird folgendes Zufallsexperiment betrachtet: Aus der Urne wird 12-mal nacheinander eine Kugel mit Zurücklegen gezogen.
Die Zufallsgröße X gibt die Anzahl der dabei gezogenen roten Kugeln an.

c) Jemand behauptet: X ist binomialverteilt mit $n=12$ und $p=0{,}25$.
   Begründen Sie, dass diese Behauptung wahr ist.
   Berechnen Sie die Wahrscheinlichkeit, dass mindestens dreimal eine rote Kugel gezogen wird.

d) Eines der folgenden Diagramme zeigt die Wahrscheinlichkeitsverteilung von X.
   Wählen Sie das passende Diagramm aus und begründen Sie Ihre Wahl.
   Bestimmen Sie die Standardabweichung der Zufallsgröße X und erläutern Sie deren Bedeutung für das Zufallsexperiment.

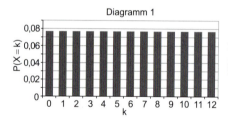

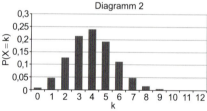

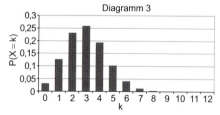

➡ Eine passende Musteraufgabe zu Teil 2 der Prüfung finden Sie auf Seite 123.

# Lösungsvorschlag

**Prüfungsinhalte**  Baumdiagramm, Pfadregeln, binomialverteilte Zufallsgröße, Wahrscheinlichkeit bei Binomialverteilung, Histogramme, Erwartungswert, Standardabweichung

**a)** Baumdiagramm:

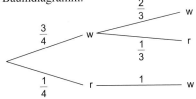

Vor dem ersten Ziehen sind 3 von 4 Kugeln in der Urne weiß und 1 von 4 Kugeln ist rot. Wenn beim ersten Ziehen eine weiße Kugel gezogen wurde, sind noch 2 von 3 Kugeln weiß und 1 von 3 Kugeln ist rot. Wenn beim ersten Ziehen die rote Kugel gezogen wurde, sind nur noch weiße Kugeln in der Urne. Es wird dann also mit der Wahrscheinlichkeit 1 eine weiße Kugel gezogen.

**b)** $P(A) = \underbrace{\frac{3}{4} \cdot \frac{2}{3}}_{w\,w} = \frac{1}{2} = 0{,}5$

$P(B) = \underbrace{\frac{3}{4} \cdot \frac{1}{3}}_{w\,r} + \underbrace{\frac{1}{4} \cdot 1}_{r\,w} = \frac{1}{2} = 0{,}5$

Für das Ereignis A multipliziert man nach der 1. Pfadregel die Wahrscheinlichkeiten entlang des Pfades ww. Die Wahrscheinlichkeit, dass man zwei weiße Kugeln zieht, beträgt also 0,5.

Für das Ereignis B sind zwei Pfade möglich: wr oder rw. Deren Wahrscheinlichkeiten muss man nach der 2. Pfadregel (Summenregel) addieren. Die Wahrscheinlichkeit, dass man die rote Kugel zieht, beträgt also ebenfalls 0,5.

➕ *Alternativlösung (Ereignis B):*

$P(B) = 1 - P(A) = 1 - \frac{1}{2} = \frac{1}{2}$

Ereignis B ist das Gegenereignis von Ereignis A. Die Wahrscheinlichkeit für B ergibt sich also, indem man die Wahrscheinlichkeit für A von 1 abzieht.

**TIPP**  Manchmal lässt sich die Wahrscheinlichkeit des Gegenereignisses leichter bestimmen als die Wahrscheinlichkeit des Ereignisses.

**c)** $p = 0{,}25;\ n = 12 \Rightarrow B_{12;\,0,25}$-verteilt

$P(X \geq 3) = 1 - P(X \leq 2) \approx 1 - 0{,}39068 \approx 0{,}609$

Es liegt eine Binomialverteilung vor, da die Wahrscheinlichkeit für das Ziehen der roten Kugel bei allen Durchführungen unverändert bleibt (die gezogene Kugel wird stets wieder zurückgelegt). Somit hat man eine gleichbleibende Trefferwahrscheinlichkeit p, wobei ein Treffer für das Ziehen der roten Kugel steht. Da die Wahrscheinlichkeit für das Ziehen der roten Kugel ein Viertel beträgt, stimmt $p = 0{,}25$. Bei zwölfmaligem Ziehen liegt außerdem die Kettenlänge 12 vor, womit auch $n = 12$ richtig ist.

Die Wahrscheinlichkeit, mindestens dreimal eine rote Kugel zu ziehen, kann man mit dem Taschenrechner bestimmen, wenn man zum Gegenereignis übergeht, also dem Ziehen von höchstens zwei roten Kugeln.
Es ergibt sich eine Wahrscheinlichkeit von etwa 0,609.

**d)** $E(X) = n \cdot p = 12 \cdot 0{,}25 = 3$ (Merkhilfe, Seite 8, Binomialverteilung)

$E(X) = 3 \Rightarrow$ Diagramm 3

$\sigma = \sqrt{n \cdot p \cdot (1-p)} = \sqrt{12 \cdot 0{,}25 \cdot 0{,}75} = 1{,}5$

(Merkhilfe, Seite 8, Binomialverteilung)

$1{,}5 \stackrel{\wedge}{=}$ Abweichung von 3

Diagramm 1 kann man ausschließen. Da darin alle Wahrscheinlichkeiten gleich groß sind, stellt Diagramm 1 keine Wahrscheinlichkeitsverteilung einer binomialverteilten Zufallsgröße dar. Die Diagramme 2 und 3 zeigen Binomialverteilungen, die sich in der Lage des Maximums unterscheiden. Bei Diagramm 2 liegt es bei $k = 4$, bei Diagramm 3 bei $k = 3$. Berechnet man den Erwartungswert von X, erhält man $E(X) = 3$. Dort muss die maximale Wahrscheinlichkeit vorliegen. Also ist Diagramm 3 das gesuchte Diagramm.

> **TIPP** Ist der Erwartungswert bei einer Binomialverteilung eine ganze Zahl, so findet man dort den größten Balken im Diagramm.

Die Rechnung für die Standardabweichung ergibt 1,5. Für das Zufallsexperiment bedeutet das, dass die Anzahl an gezogenen roten Kugeln im Durchschnitt um 1,5 vom Erwartungswert 3 abweicht.

## Musteraufgabe 15 (mit Taschenrechner, ohne Merkhilfe)

a) Beim Drehen des nebenstehenden Glücksrads betrachtet man jene Zahl, auf die der Pfeil zeigt. Alle Zahlen haben dieselbe Wahrscheinlichkeit. Das Glücksrad wird zweimal nacheinander gedreht.
Berechnen Sie die Wahrscheinlichkeiten der folgenden Ereignisse:
A: Es kommen zwei Sechsen.
B: Es kommt eine Fünf und eine Sechs (die Reihenfolge spielt keine Rolle).

Bei einem Glücksspiel darf man gegen einen Einsatz von 2 € das Glücksrad zweimal drehen. Bei einer Fünf und einer Sechs (die Reihenfolge spielt keine Rolle) erhält man vom Anbieter des Spiels den Einsatz zurück. Bei zwei Sechsen zahlt der Anbieter dem Spieler 60 € aus. In allen anderen Fällen erhält der Spieler nichts.

b) Zeigen Sie, dass der Anbieter des Spiels auf lange Sicht Gewinn macht.

c) Berechnen Sie die Anzahl an Spielen, die man mindestens spielen muss, um mit mindestens 75 % Wahrscheinlichkeit mindestens einmal 60 € zu erhalten.

Eine Firma füllt Zucker in Packungen ab, auf denen der Inhalt mit 1 000 g angegeben wird. Tatsächlich schwankt das Gewicht des Inhalts um den Wert 1 000 g. Genauer: Das Gewicht des abgepackten Zuckers ist normalverteilt mit dem Erwartungswert 1 000 und der Standardabweichung 7,7 (alle Angaben in g).
Die Zufallsgröße X gibt das Gewicht des Zuckers in einer Packung in g an.

d) Die Firma behauptet, dass die Wahrscheinlichkeit, dass eine Packung mehr als 10 g Zucker weniger enthält, als auf der Packung angegeben ist, unter 10 % liegt.
Überprüfen Sie diese Behauptung mithilfe der Zufallsgröße X.

e) Die Zufallsgröße Y ist binomialverteilt mit n = 1 063 und p = 0,941.
Überprüfen Sie, ob man anstelle der Wahrscheinlichkeitsverteilung von X näherungsweise die Wahrscheinlichkeitsverteilung von Y verwenden kann.

➡ **Eine passende Musteraufgabe zu Teil 2 der Prüfung finden Sie auf Seite 126.**

# Lösungsvorschlag

**Prüfungsinhalte** Pfadregeln, Glücksspiel, Erwartungswert, binomialverteilte Zufallsgröße, Normalverteilung, Standardabweichung

**a)** $P(A) = \underbrace{\frac{1}{6}}_{6} \cdot \underbrace{\frac{1}{6}}_{6} = \frac{1}{36}$

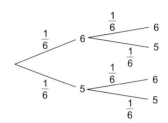

$P(B) = \underbrace{\frac{1}{6}}_{6} \cdot \underbrace{\frac{1}{6}}_{5} + \underbrace{\frac{1}{6}}_{5} \cdot \underbrace{\frac{1}{6}}_{6} = \frac{1+1}{36} = \frac{1}{18}$

 Die Wahrscheinlichkeit ist für alle Zahlen gleich, und zwar $\frac{1}{6}$.
Bei Ereignis A muss man die zwei Wahrscheinlichkeiten von jeweils ein Sechstel miteinander multiplizieren. Man erhält die Wahrscheinlichkeit $\frac{1}{36}$.
Bei Ereignis B gibt es zwei passende Pfade, 6-5 und 5-6, siehe Teilbaumdiagramm. Die Reihenfolge spielt keine Rolle. Die Wahrscheinlichkeiten für diese zwei Pfade muss man addieren. Man erhält $\frac{1}{18}$, siehe Rechnung.

**b)** Zufallsgröße X: Auszahlungsbetrag in €

Anbieter macht Gewinn, wenn $E(X) <$ Einsatz

$P(X = 2) = \frac{1}{18}$ (eine 6 und eine 5)

$P(X = 60) = \frac{1}{36}$ (zweimal 6)

$P(X = 0) = 1 - \frac{1}{36} - \frac{1}{18} = \frac{11}{12}$ (ansonsten)

| k | 0 | 2 | 60 |
|---|---|---|---|
| P(X=k) | $\frac{11}{12}$ | $\frac{1}{18}$ | $\frac{1}{36}$ |

$E(X) = 0 \cdot \frac{11}{12} + 2 \cdot \frac{1}{18} + 60 \cdot \frac{1}{36} = \frac{16}{9} \approx 1{,}78$

$1{,}78 < 2 \Rightarrow$ Anbieter macht langfristig Gewinn.

 Zunächst führt man eine Zufallsgröße X ein, die den Betrag, den der Anbieter des Spiels auszahlt, in Euro angibt. X kann die Werte 0, 2 oder 60 annehmen. Für diese Werte bestimmt man jeweils die zugehörigen Wahrscheinlichkeiten.

Für X = 2 bzw. X = 60 hat man die Wahrscheinlichkeiten bereits in Teilaufgabe a ausgerechnet. Die Wahrscheinlichkeit für X = 0 ergibt sich daraus, dass die Summe aller Wahrscheinlichkeiten 1 ergeben muss, siehe Rechnung. Damit hat man die Wahrscheinlichkeitsverteilung von X, siehe Tabelle.
Nun bestimmt man den Erwartungswert E(X), indem man jeweils den Wert mit der zugehörigen Wahrscheinlichkeit multipliziert und alle Produkte addiert, siehe Rechnung. Man erhält etwa 1,78. Das bedeutet, dass der Anbieter im Mittel etwa 1,78 € pro Spiel auszahlen muss. Da er also im Schnitt weniger auszahlt als den Einsatz des Spielers von 2 €, macht der Anbieter langfristig Gewinn.

**TIPP** Die Wahrscheinlichkeit, die unter der Null in der Tabelle steht, ist für den Erwartungswert ohne Bedeutung (da sie mit null multipliziert wird).

 *Alternativlösung:*
Zufallsgröße X: **Gewinn** des Spielanbieters in €
Anbieter macht Gewinn, wenn E(X) > 0

| k | 2 | 0 | −58 |
|---|---|---|---|
| P(X = k) | $\frac{11}{12}$ | $\frac{1}{18}$ | $\frac{1}{36}$ |

$$E(X) = 2 \cdot \frac{11}{12} + 0 \cdot \frac{1}{18} - 58 \cdot \frac{1}{36} = \frac{2}{9} \approx 0,22$$

0,22 > 0 ⇒ Anbieter macht langfristig Gewinn.

c) n: Anzahl der Spiele; n = ?
Treffer $\hat{=}$ 60 € Auszahlung
X: Anzahl Treffer; binomialverteilt mit $p = \frac{1}{36}$

$P(X \geq 1) \geq 0,75$
$1 - P(X = 0) \geq 0,75 \quad |-1$
$-P(X = 0) \geq -0,25 \quad |\cdot(-1)$
$P(X = 0) \leq 0,25$

n = 49: P(X = 0) = 0,2514…
n = 50: P(X = 0) = 0,2444…

⇒ Man muss mindestens 50-mal spielen.

Die Zufallsgröße X, die die Anzahl der Gewinne, also die Anzahl der Spiele mit 60 € Auszahlung beschreibt, ist binomialverteilt mit der Trefferwahrscheinlichkeit $\frac{1}{36}$ und unbekannter Kettenlänge n. Die Wahrscheinlichkeit für mindestens einen Treffer soll mindestens 0,75 betragen. Die entsprechende Ungleichung kann man mithilfe des Gegenereignisses umformen, bis man erhält: Die Wahrscheinlichkeit für 0 Treffer muss kleiner oder gleich 0,25 sein.

Dann probiert man mit dem Taschenrechner verschiedene Kettenlängen aus, bis man die beiden n-Werte findet, bei denen der Übergang zwischen kleiner und größer 0,25 erfolgt. Bei n=49 liegt die Wahrscheinlichkeit noch leicht über 0,25; bei n=50 ist sie aber unter 0,25, siehe Rechnung.
Man muss also mindestens 50-mal spielen, um mit mindestens 75 % Wahrscheinlichkeit mindestens einmal 60 € zu erhalten.

➕ *Alternativlösung:*
Man kann die Ungleichung auch rechnerisch lösen:

$P(X = 0) \leq 0,25$

$\left(\dfrac{35}{36}\right)^n \leq 0,25 \qquad |\ln$

$\ln\left(\left(\dfrac{35}{36}\right)^n\right) \leq \ln(0,25)$

$n \cdot \ln\left(\dfrac{35}{36}\right) \leq \ln(0,25) \qquad \left| :\ln\left(\dfrac{35}{36}\right) < 0 \right.$

$n \geq \dfrac{\ln(0,25)}{\ln\left(\frac{35}{36}\right)} \approx 49,21$

Das Ergebnis 49,21 muss man noch auf 50 aufrunden, da n eine ganze Zahl ist.

**TIPP** Die Richtung des Größer- bzw. Kleinerzeichens wechselt bei einer Ungleichung, wenn diese durch eine negative Zahl dividiert wird. Hier ist $\ln\left(\frac{35}{36}\right)$ negativ.

**d)** X ist normalverteilt mit $\mu = 1000$ und $\sigma = 7,7$.
$1000 - 10 = 990$
$P(X < 990) = 0,0970\ldots$
$0,097 = 9,7\, \% < 10\, \% \;\Rightarrow\;$ Die Firma hat recht.

Nach den Angaben in der Aufgabe ist die Zufallsgröße X, die die Zuckermenge einer Packung in Gramm beschreibt, normalverteilt mit $\mu = 1000$ und $\sigma = 7,7$. Mehr als 10 g zu wenig Zucker in der Packung bedeutet weniger als 990 g und damit $X < 990$; man muss also $P(X < 990)$ berechnen. Der Taschenrechner liefert den gerundeten Wert 0,097, also 9,7 %. Dieser Wert ist kleiner als 10 %. Somit stimmt die Behauptung der Firma.

**e)** $E(Y)$ müsste $\mu$ von X sein und $\sigma(Y)$ müsste $\sigma(X)$ sein.
$E(Y) = n \cdot p = 1063 \cdot 0,941 = 1000,283 \approx 1000$ ✓
$\sigma(Y) = \sqrt{n \cdot p \cdot (1-p)} = \sqrt{1063 \cdot 0,941 \cdot (1-0,941)} = 7,68\ldots \approx 7,7$ ✓
$\Rightarrow$ Man kann Y näherungsweise verwenden.

🗣 Y stellt dann eine gute Näherung dar, wenn das zugehörige Histogramm eine möglichst ähnliche Form hat wie die Glockenkurve der Normalverteilung. Der größte Balken des Histogramms muss mit dem Hochpunkt der Glockenkurve zusammenfallen. Rechnerisch bedeutet das, dass der Erwartungswert der Binomialverteilung möglichst gut mit dem Erwartungswert der Normalverteilung zusammenfällt. Dies ist der Fall, siehe erste Rechnung.
Zudem muss auch die Breite des Histogramms der Breite der Glockenkurve entsprechen. Rechnerisch bedeutet das, dass die Standardabweichung der Binomialverteilung ähnlich groß ist wie bei der Normalverteilung. Auch dies ist erfüllt, siehe zweite Rechnung.
Somit kann man Y näherungsweise anstelle von X verwenden.

➕ Die beiden Verteilungen stimmen zwar sehr gut in ihren Kenngrößen überein, allerdings ist Y eine diskret verteilte Zufallsgröße, während X stetig verteilt ist. Das bedeutet, dass die Werte, die X annehmen kann, beliebige reelle Zahlen sein können. Also auch Dezimalzahlen, Brüche, Wurzeln usw. (sogar negative Zahlen sind erlaubt, auch wenn eine negative Zuckermenge im Sachzusammenhang nicht sinnvoll ist). Y dagegen kann nur ganze Zahlen zwischen 0 und 1 063 annehmen. Man kann mit Y z. B. nicht ausrechnen, wie groß die Wahrscheinlichkeit ist, dass eine Packung zwischen 999,25 und 999,75 Gramm Zucker enthält. Mit X jedoch kann man das ausrechnen (man erhält etwa 0,026).

## Musteraufgabe 16 (mit Taschenrechner, ohne Merkhilfe)

Für eine statistische Untersuchung wurden an einem bestimmten Tag an zwei Schulen getrennt voneinander Daten erhoben. Dabei wurden jeweils für die Schüler der beiden Schulen folgende zwei Merkmale untersucht:
- Schüler kam mit dem Bus zur Schule (B: mit Bus; $\overline{B}$: nicht mit Bus).
- Schüler kam pünktlich zum Unterricht (P: pünktlich; $\overline{P}$: nicht pünktlich).

Die Ergebnisse der Untersuchung sind für Schule 1 in absoluten Zahlen gegeben und für Schule 2 in Form eines Baumdiagramms.

Schule 1:
Von den 1000 Schülern der Schule kamen 600 Schüler mit dem Bus, wovon 510 pünktlich waren. Von den Schülern, die nicht mit dem Bus kamen, waren 340 pünktlich.

Schule 2:

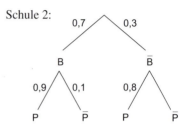

Die folgenden Aufgabenstellungen beziehen sich auf den Tag der Untersuchung für zufällig ausgewählte Schüler der jeweiligen Schule.

a) Bestimmen Sie für einen Schüler von Schule 1 die Wahrscheinlichkeiten der folgenden Ereignisse:
E: Der Schüler kam mit dem Bus und war pünktlich.
F: Der Schüler kam pünktlich.
G: Der Schüler kam weder mit dem Bus noch war er pünktlich.

b) Ermitteln Sie die Wahrscheinlichkeiten der Ereignisse E, F und G aus Teilaufgabe a für einen Schüler von Schule 2.

c) Von Schule 1 werden 10 Schüler zufällig ausgewählt. Die Zufallsgröße X gibt an, wie viele Schüler davon mit dem Bus kamen.
Man geht von folgender Annahme aus: X ist binomialverteilt.
Begründen Sie, dass diese Annahme nur näherungsweise gilt.
Berechnen Sie unter Verwendung dieser Annahme die Wahrscheinlichkeit, dass mindestens die Hälfte der ausgewählten Schüler mit dem Bus kam.

d) Zeichnen Sie ein Baumdiagramm für Schule 2, bei dem in der Verzweigung der ersten Stufe zwischen pünktlich (P) und nicht pünktlich ($\overline{P}$) unterschieden wird und in den Verzweigungen der zweiten Stufe zwischen Bus (B) und nicht Bus ($\overline{B}$).
Ermitteln Sie alle Wahrscheinlichkeiten, die an den Ästen stehen.

➥ Eine passende Musteraufgabe zu Teil 2 der Prüfung finden Sie auf Seite 130.

## Lösungsvorschlag

**Prüfungsinhalte** Baumdiagramm, Pfadregeln, Binomialverteilung

**a)** Schule 1:
$$P(E) = P(B \text{ und } P) = \frac{510}{1000} = 0{,}51$$
$$510 + 340 = 850 \Rightarrow P(F) = \frac{850}{1000} = 0{,}85$$
$$1000 - 600 = 400 \quad \text{und} \quad 400 - 340 = 60$$
$$\Rightarrow P(G) = P(\overline{B} \text{ und } \overline{P}) = \frac{60}{1000} = 0{,}06$$

510 Schüler von 1000 Schülern kamen mit dem Bus und waren pünktlich, also ergibt sich die Wahrscheinlichkeit 0,51 für Ereignis E.
Insgesamt gibt es 510 + 340 = 850 pünktliche Schüler. Die Wahrscheinlichkeit für F ist somit 0,85.
Da 600 Schüler mit dem Bus kamen, kamen 1000 − 600 = 400 Schüler nicht mit dem Bus. Davon waren 340 pünktlich und 60 unpünktlich. Genau diese 60 Schüler sind weder mit dem Bus gekommen noch waren sie pünktlich, womit man auf die Wahrscheinlichkeit 0,06 für Ereignis G kommt.

**b)** Schule 2:
$$P(E) = P(B \text{ und } P) = 0{,}7 \cdot 0{,}9 = 0{,}63$$
$$P(F) = 0{,}7 \cdot 0{,}9 + 0{,}3 \cdot 0{,}8 = 0{,}87$$
$$P(G) = P(\overline{B} \text{ und } \overline{P}) = 0{,}3 \cdot 0{,}2 = 0{,}06$$

Gemäß der 1. Pfadregel werden für E die Wahrscheinlichkeiten entlang des Pfades B P multipliziert. Man erhält P(E) = 0,63.
Gemäß der 2. Pfadregel (Summenregel) werden für F die Wahrscheinlichkeiten der Pfade B P und $\overline{B}$ P addiert. Es ergibt sich P(F) = 0,87.
Ereignis G entspricht dem Pfad $\overline{B}\ \overline{P}$. Die fehlende Wahrscheinlichkeit am $\overline{P}$-Ast ist 1 − 0,8 = 0,2. Damit ergibt sich mit der 1. Pfadregel P(G) = 0,06.

**c)** 1. Schüler: $p = \dfrac{600}{1000} = 0{,}6$

2. Schüler: $p = \dfrac{599}{999}$ oder $p = \dfrac{600}{999}$

3. Schüler: $p = \dfrac{598}{998}$ oder $p = \dfrac{599}{998}$ oder $p = \dfrac{600}{998}$

Maximal: $p = \dfrac{600}{991} \approx 0{,}60545$

Minimal: $p = \dfrac{591}{991} \approx 0{,}59637$

$\Rightarrow$ X näherungsweise binomialverteilt mit n = 10 und p ≈ 0,6.

$P(X \geq 5) = 1 - P(X \leq 4) \approx 1 - 0{,}16624 \approx 0{,}834$

🗨 Die Annahme einer Binomialverteilung gilt nur näherungsweise, da sich beim Auswählen der 10 Schüler für jeden Schüler eine andere Wahrscheinlichkeit dafür ergibt, ob er mit dem Bus gekommen ist. Für den ersten ausgewählten Schüler beträgt sie $\tfrac{600}{1\,000}$. Für den zweiten ausgewählten Schüler beträgt sie entweder $\tfrac{599}{999}$, wenn der zuerst ausgewählte Schüler mit dem Bus kam, oder $\tfrac{600}{999}$, wenn der zuerst ausgewählte Schüler nicht mit dem Bus kam. In gleicher Weise ändern sich auch die Wahrscheinlichkeiten für die weiteren ausgewählten Schüler. Alle auftretenden Wahrscheinlichkeiten liegen jedoch sehr nahe bei dem Wert 0,6.
Die größte Wahrscheinlichkeit, die auftreten kann, beträgt $\tfrac{600}{991} \approx 0{,}60545$ und die kleinste ist $\tfrac{591}{991} \approx 0{,}59637$. Die Abweichung von 0,6 liegt in beiden Fällen unter 1 %.
Somit ist X näherungsweise binomialverteilt mit Kettenlänge 10 und Trefferwahrscheinlichkeit 0,6.
Die gesuchte Wahrscheinlichkeit kann man mit dem Gegenereignis ermitteln, siehe Rechnung. Mithilfe des Taschenrechners erhält man etwa 0,834.

d)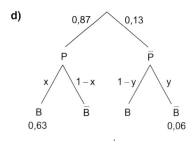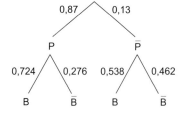

$0{,}87 \cdot x = 0{,}63 \quad |:0{,}87$
$x \approx 0{,}724$

$0{,}13 \cdot y = 0{,}06 \quad |:0{,}13$
$y \approx 0{,}462$

🗨 Zunächst kann man die Wahrscheinlichkeiten P(E) = 0,63, P(F) = 0,87 und P(G) = 0,06 aus Teilaufgabe b eintragen. Am $\overline{P}$-Ast steht zudem 1 − 0,87 = 0,13. Die noch unbekannten Wahrscheinlichkeiten an den unteren Ästen kann man zunächst mit Variablen belegen wie im linken Diagramm. Durch Anwenden der 1. Pfadregel ergibt sich x ≈ 0,724 und y ≈ 0,462. Damit erhält man das fertige rechte Baumdiagramm.

# 2. PRÜFUNGSTEIL

## Was erwartet Sie in diesem Abschnitt?

Auf den folgenden Seiten finden Sie 16 Musteraufgaben zum zweiten Prüfungsteil (Prüfungsgespräch), davon acht Musteraufgaben zu Analysis, vier Musteraufgaben zu Geometrie und vier Musteraufgaben zu Stochastik.
Damit können Sie Teil 2 der Prüfung üben.

- Zur Auswahl einer passenden Aufgabe sind die abgefragten Prüfungsinhalte jeweils im Inhaltsverzeichnis und zu Beginn des Lösungsvorschlags zusammengefasst.
- Sie erhalten zu Beginn des 2. Prüfungsteils einen *Impuls*; dieser ist bei den folgenden Musteraufgaben grau umrahmt. Sie sollten zunächst *nur diesen Teil aufdecken* und dann nach und nach die einzelnen Arbeitsaufträge. In Teil 2 der Prüfung sind grundsätzlich keine Hilfsmittel zugelassen.
- Das Prüfungsgespräch dauert 10 Minuten; die Arbeitsaufträge werden Ihnen dabei mündlich mitgeteilt und können je nach Verlauf der Prüfung variieren. Die abgedruckten Arbeitsaufträge stellen deshalb nur einige mögliche Fragestellungen zum gegebenen Impuls dar.
- In den Lösungsvorschlägen nach jeder Aufgabe finden Sie passende Lösungsansätze und nötige Berechnungen, die Sie im Prüfungsgespräch vortragen können.
- ⊞ kennzeichnet weitere Ergänzungen und zusätzliche Informationen oder alternative Lösungen, die Sie zusätzlich zu der jeweiligen Fragestellung anbringen könnten.

Beachten Sie auch die ausführlichen Anregungen zur Arbeit mit diesem Buch ab Seite V vorne in diesem Buch.

# Baden-Württemberg · Basisfach Mathematik
Mündliche Abiturprüfung · Teil 2 (Prüfungsgespräch) · Analysis

## Musteraufgabe 1

**Impuls**

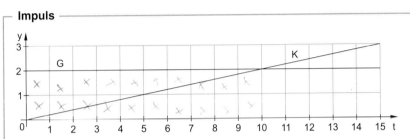

Die zwei Graphen zeigen die Geschwindigkeiten eines Joggers und eines Radfahrers. Der Jogger läuft mit gleichbleibender Geschwindigkeit. Die Funktionsterme für die zwei Geschwindigkeiten sind:
$v_1(t) = 2$ und $v_2(t) = 0{,}2t$
(Zeit t in Sekunden, $v_1(t)$ und $v_2(t)$ in Meter pro Sekunde)
Bei $t = 0$ befinden sich die zwei Sportler nebeneinander.

**Mögliche Arbeitsaufträge und Fragestellungen:**

a) Ordnen Sie die Graphen G und K den Geschwindigkeiten $v_1(t)$ und $v_2(t)$ zu. Begründen Sie Ihre Antwort.

b) Geben Sie den Schnittpunkt von G und K an und deuten Sie ihn im Sachzusammenhang.

c) Ermitteln Sie mithilfe des Diagramms die Strecke, die der Jogger in 10 Sekunden zurücklegt.

d) Ermitteln Sie rechnerisch die Strecke, die der Radfahrer in 10 Sekunden zurücklegt, und deuten Sie das Ergebnis im Diagramm.

e) Beschreiben Sie einen Ansatz, mit dem man den Zeitpunkt ermitteln kann, zu dem der Radfahrer den Jogger einholt. Ermitteln Sie anschließend diesen Zeitpunkt.

f) Erläutern Sie ein mögliches Verfahren, um zu ermitteln, in welchem 5-Sekunden-Zeitraum der Radfahrer 15 Meter zurücklegt.

g) Der Radfahrer hat nun zu Beginn 5 Sekunden Vorsprung vor dem Jogger. Beschreiben Sie ein Verfahren, um den Zeitpunkt zu ermitteln, bei dem sich die zwei Sportler in diesem Fall treffen.

# Lösungsvorschlag

**Prüfungsinhalte** Geschwindigkeit, zurückgelegte Strecke, momentane Änderungsrate, Bestand und Integral

a) G stellt die Geschwindigkeit des Joggers dar, der mit einer konstanten Geschwindigkeit von $v_1(t) = 2$ Meter pro Sekunde läuft. K beschreibt die Geschwindigkeit des Radfahrers, die gemäß $v_2(t) = 0{,}2t$ zunimmt.

b) Der Schnittpunkt der zwei Graphen ist $(10\,|\,2)$.

Deutung des Schnittpunktes: Nach 10 Sekunden haben beide Sportler die gleiche Geschwindigkeit, nämlich 2 Meter pro Sekunde.

**TIPP** Bei Formulierungen mit „geben Sie an" ist *keine Begründung* erforderlich. Es schadet aber nicht, wenn Sie im Gespräch auf das Ablesen des Punktes an den Graphen eingehen.

c) Die zurückgelegte Strecke entspricht dem Inhalt der Fläche zwischen G und der t-Achse im Bereich $t = 0$ bis $t = 10$. Es ist ein Rechteck mit dem Flächeninhalt $10 \cdot 2 = 20$. In 10 Sekunden legt der Jogger also 20 Meter zurück.

**TIPP** Das Integral über die Geschwindigkeit ergibt den zurückgelegten Weg. Anschaulich entspricht dies dem Inhalt der Fläche unter dem Graphen.

➕ *Rechnerische Lösung:*

$$\int_0^{10} v_1(t)\,dt = \int_0^{10} 2\,dt = \left[2t\right]_0^{10} = 2 \cdot 10 - 2 \cdot 0 = 20$$

d) $$\int_0^{10} v_2(t)\,dt = \int_0^{10} 0{,}2t\,dt = \left[\frac{0{,}2}{2}t^2\right]_0^{10} = \left[0{,}1t^2\right]_0^{10} = 0{,}1 \cdot 10^2 - 0 = 0{,}1 \cdot 100 = 10$$

In 10 Sekunden legt der Radfahrer also 10 Meter zurück.

*Deutung im Diagramm:* Die Strecke entspricht dem Inhalt der Fläche zwischen K und der t-Achse im Bereich $t = 0$ bis $t = 10$. Es ist ein rechtwinkliges Dreieck mit den Katheten 10 und 2. Eine der Katheten kann als Höhe im Dreieck betrachtet werden. Der Flächeninhalt ist $\frac{1}{2} \cdot 10 \cdot 2 = 10$.

➕ *Alternativlösung:*
Das Dreieck ist die Hälfte des Rechtecks aus Teilaufgabe c. Daher beträgt sein Flächeninhalt $20 : 2 = 10$.

**e)** Der Radfahrer holt den Jogger dann ein, wenn die zurückgelegten Strecken gleich groß sind, also lautet der Ansatz:

$$\int_0^t v_1(x)\,dx = \int_0^t v_2(x)\,dx$$

> **TIPP** Achtung: Die Schreibweise $\int_0^t v_1(t)\,dt = \int_0^t v_2(t)\,dt$ wäre falsch.
> Die Variable in der Grenze eines Integrals und die Integrationsvariable muss man unterschiedlich bezeichnen.

Man berechnet zunächst die zwei Integrale und löst anschließend die Gleichung nach t auf. Gesucht ist ein $t > 0$.

$$\int_0^t v_1(x)\,dx = \int_0^t 2\,dx = [2x]_0^t = 2t - 2 \cdot 0 = 2t$$

$$\int_0^t v_2(x)\,dx = \int_0^t 0{,}2x\,dx = \left[0{,}1x^2\right]_0^t = 0{,}1t^2 - 0 = 0{,}1t^2$$

Durch Gleichsetzen der Teilergebnisse folgt:

$0{,}1t^2 = 2t \quad |\cdot 10$

$t^2 = 20t \quad |:t > 0$

$t = 20$

Der Radfahrer holt den Jogger nach 20 Sekunden ein.

**➕** *Alternativlösung:*
Man kann den Zeitpunkt auch grafisch bestimmen. Dazu verlängert man die zwei Graphen nach rechts, bis die getönten Dreiecke gleich groß sind. Die dreieckige Fläche zwischen K und t-Achse ist dann im Bereich $t = 0$ bis $t = 20$ genauso groß wie die rechteckige Fläche zwischen G und t-Achse in diesem Bereich. Die zurückgelegten Wege der beiden Sportler sind somit nach 20 Sekunden gleich.

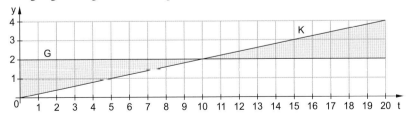

**f)** Ansatz:
$$\int_t^{t+5} v_2(x)\,dx = 15$$
Verfahren:
Zunächst berechnet man das Integral in Abhängigkeit von t. Anschließend löst man die Gleichung nach t auf.

**g)** In diesem Fall holt der Jogger den Radfahrer ein.
Wenn t die gelaufene Zeit des Joggers beschreibt, ergibt sich der Ansatz:
$$\int_0^{t+5} v_2(x)\,dx = \int_0^t v_1(x)\,dx$$
Verfahren:
Zunächst berechnet man die beiden Integrale in Abhängigkeit von t. Anschließend löst man die Gleichung nach t auf.

➕ Rechnerische Lösung (zur Kontrolle; nicht verlangt):
$$\int_0^t v_1(x)\,dx = \int_0^t 2\,dx = \left[2x\right]_0^t = 2t - 2\cdot 0 = 2t$$

$$\int_0^{t+5} v_2(x)\,dx = \int_0^{t+5} 0{,}2x\,dx = \left[0{,}1x^2\right]_0^{t+5} = 0{,}1\cdot(t+5)^2 - 0 = 0{,}1\cdot(t+5)^2$$

Gesucht ist ein $t > 0$. Durch Gleichsetzen der Teilergebnisse folgt:
$2t = 0{,}1\cdot(t+5)^2$
Diese Gleichung hat als Lösung $t = 5$, denn $2\cdot 5 = 0{,}1\cdot(5+5)^2$ bzw. $10 = 10$.
Dies bedeutet: Der Jogger holt den Radfahrer nach 5 Sekunden ein. Der Radfahrer ist bis dann schon 10 Sekunden (5 Sekunden + 5 Sekunden Vorsprung) gefahren.

## Musteraufgabe 2

**Impuls**

Die Abbildung stellt den parabelförmigen Querschnitt eines Tunneleingangs dar. Alle Angaben sind in Meter.

Es ist gegeben:
$f(x) = -x^2 + 6x$

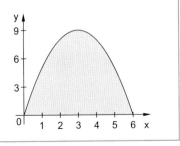

**Mögliche Arbeitsaufträge und Fragestellungen:**

a) Begründen Sie, dass der Graph von f die Parabel darstellt, die in der Abbildung den Tunneleingang zeigt.

b) Berechnen Sie f'(1) und deuten Sie das Ergebnis.

c) Ermitteln Sie die Tunnelhöhe in 2 Meter Entfernung vom Tunnelrand.

d) Ein Lkw hat (vereinfacht dargestellt) eine 4 Meter breite und 5,5 Meter hohe rechteckige Querschnittsfläche.
   Untersuchen Sie, ob der Lkw durch den Tunnel passt.

e) Der Tunneleingang wird nun mit einer passgenauen Plane verdeckt.
   Berechnen Sie den Flächeninhalt dieser Plane.

f) Ermitteln Sie, wie viel m³ Erde für den 10 Meter langen Tunnel entfernt wurden.

g) Ein zweiter Lkw hat einen quadratischen Querschnitt.
   Beschreiben Sie ein Verfahren, um den größten Wert für die Seitenlänge des Quadrates zu bestimmen, sodass der Lkw durch den Tunnel passt.

## Lösungsvorschlag

**Prüfungsinhalte** Parabel, Ableitung, Steigung, Integral, Flächeninhalt, Volumen, Quadrat

**a)** Man prüft, ob die drei aus der Abbildung abgelesenen Punkte (0|0), (3|9) und (6|0) auf dem Graphen von f liegen:
$f(0) = 0$
$f(3) = -3^2 + 6 \cdot 3 = -9 + 18 = 9$
$f(6) = -6^2 + 6 \cdot 6 = -36 + 36 = 0$
Drei Punkte bestimmen eine Parabel eindeutig, also zeigt die Abbildung den Graphen von f.

 *Alternativlösung:*
Man ermittelt die Nullstellen von f:
$\quad f(x) = 0$
$-x^2 + 6x = 0$
$-x \cdot (x - 6) = 0$
Mit dem Satz vom Nullprodukt folgt $x_1 = 0$ oder $x - 6 = 0$, also $x_2 = 6$.
$x_1 = 0$ und $x_2 = 6$ sind genau die Nullstellen der Parabel in der Abbildung.
Man bestimmt außerdem den Scheitelpunkt der Parabel:
$f'(x) = -2x + 6; \quad f''(x) = -2$
$\quad f'(x) = 0$
$-2x + 6 = 0$
$\quad x = 3$
$f''(3) = -2 < 0 \Rightarrow$ Hochpunkt bei $x = 3$
$y = f(3) = -3^2 + 6 \cdot 3 = -9 + 18 = 9$
H(3|9) ist genau der Scheitelpunkt der Parabel in der Abbildung.

**b)** $f'(x) = -2x + 6$
$f'(1) = -2 \cdot 1 + 6 = 4$
Deutung: 4 ist die Steigung der Tangente an die Parabel an der Stelle $x = 1$.

**c)** Man berechnet f(2).
$f(2) = -2^2 + 6 \cdot 2 = -4 + 12 = 8$
Die Tunnelhöhe in 2 Meter Entfernung vom Tunnelrand beträgt also 8 Meter.

 *Alternativlösung:*
Man berechnet f(4).
$f(4) = -4^2 + 6 \cdot 4 = -16 + 24 = 8$

**d)** Man geht davon aus, dass der Lkw mittig durch den Tunnel fährt. Nur so kann er die Höhe des Tunnels optimal nutzen. Da die Breite des Lkw-Querschnitts 4 Meter beträgt, hat er zu den Tunnelrändern dann je 1 Meter Abstand.

Man berechnet also die Höhe des Tunnels bei x = 1 (oder bei x = 5):

$f(1) = -1^2 + 6 \cdot 1 = -1 + 6 = 5$

Die Höhe des Tunnels ist an dieser Stelle nur 5 Meter, aber der Lkw ist 5,5 Meter hoch. Daraus folgt:

Ein Lkw mit der angegebenen Querschnittsfläche passt nicht durch den Tunnel.

**e)** Es handelt sich um den Inhalt der Fläche zwischen dem Graphen und der x-Achse im Bereich von x = 0 bis x = 6.

$$A = \int_0^6 f(x)\,dx = \int_0^6 (-x^2 + 6x)\,dx$$

Eine Stammfunktion von f ist: $F(x) = -\frac{1}{3}x^3 + 3x^2$

$$\int_0^6 f(x)\,dx = F(6) - F(0) = -\frac{1}{3} \cdot 6^3 + 3 \cdot 6^2 - 0$$

$$= -\frac{1}{3} \cdot 6 \cdot 6 \cdot 6 + 3 \cdot 36$$

$$= -2 \cdot 36 + 3 \cdot 36 = 36$$

Die Plane hat einen Flächeninhalt von 36 m².

**+** *Alternativlösung:*

Aufgrund der Symmetrie der Parabel gilt:

$$A = 2 \cdot \int_0^3 f(x)\,dx = 2 \cdot \left(-\frac{1}{3} \cdot 3^3 + 3 \cdot 3^2 - 0\right) = 2 \cdot (-9 + 27) = 2 \cdot 18 = 36$$

**f)** Das Tunnelinnere ist ein Körper, der ähnlich wie ein liegender Zylinder aussieht. Seine Grundfläche ist die Fläche zwischen Parabel und x-Achse und seine Höhe beträgt 10 Meter. Für das Volumen gilt:

$V = G \cdot h$

$G = \int_0^6 f(x)\,dx = 36\ [m^2]$ (siehe Teilaufgabe e)

$h = 10\ m$

$V = G \cdot h = 36\ m^2 \cdot 10\ m = 360\ m^3$

Es wurden also 360 m³ Erde für den Tunnel entfernt.

**g)** Der Lkw muss wie in Teilaufgabe d mittig fahren. Eine Seitenmitte des quadratischen Querschnitts liegt dann bei $x=3$.

Mit den Bezeichnungen aus der Skizze folgt:
Bedingung für ein Quadrat ist $f(3+a) = 2a$,
wobei a im Bereich zwischen 0 und 3 liegt.
Mit $f(3+a) = -(3+a)^2 + 6 \cdot (3+a)$ ergibt sich:
$-(3+a)^2 + 6 \cdot (3+a) = 2a$
Diese Gleichung wird nach a aufgelöst.
Lösungen, die nicht im Bereich $0 < a < 3$ liegen,
werden verworfen.
Die größtmögliche Seitenlänge des Quadrates
ist dann gegeben durch 2a.

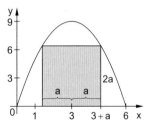

⊞ Die folgende rechnerische Lösung wird zwar nicht verlangt, ist aber zur Kontrolle angegeben, falls man doch weitergerechnet oder einen anderen Ansatz gewählt hat:
$$f(3+a) = -(3+a)^2 + 6 \cdot (3+a) = -(9+6a+a^2) + 18 + 6a = -9 - 6a - a^2 + 18 + 6a$$
$$= -a^2 + 9$$
$f(3+a) = 2a \Rightarrow -a^2 + 9 = 2a \Rightarrow a^2 + 2a - 9 = 0$
$$\Rightarrow a_{1,2} = -1 \pm \sqrt{1^2 - (-9)} = -1 \pm \sqrt{10}$$
$a_1 = -1 - \sqrt{10} < 0$ wird verworfen.
Der größte Wert für die Seitenlänge des Quadrates ist $2 \cdot (-1 + \sqrt{10}) \approx 4{,}3$ [m].

## Musteraufgabe 3

**Impuls**

Die Abbildung zeigt den Temperaturverlauf eines Tages in Stuttgart von 0.00 Uhr bis 24.00 Uhr.

x: Zeit in Stunden
y: Temperatur in °C

$f(x) = -a\cos(bx) + 10$

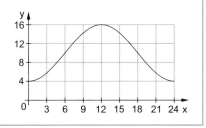

**Mögliche Arbeitsaufträge und Fragestellungen:**

√ a) Geben Sie anhand der Abbildung die höchste und die niedrigste Tagestemperatur an sowie die Zeitpunkte, bei denen diese Temperaturen angenommen werden.

√ b) Bestimmen Sie aus der Abbildung die Zeitpunkte für die schnellste Zunahme bzw. die schnellste Abnahme der Tagestemperatur.

√ c) Ermitteln Sie a im Funktionsterm von f für den abgebildeten Graphen.

√ d) Begründen Sie, dass $b = \frac{\pi}{12}$ ist.

√ e) Erläutern Sie, wie der Graph von f aus dem Graphen der Kosinusfunktion entsteht.

f) Zeigen Sie rechnerisch, dass die höchste Tagestemperatur um 12.00 Uhr erreicht wird.

# Lösungsvorschlag

**Prüfungsinhalte**  Kosinusfunktion, Wendepunkt, Amplitude, Periode, Spiegelung, Streckung, Verschiebung, Hochpunkt

**a)** Die höchste Tagestemperatur beträgt 16 °C und wird um 12.00 Uhr erreicht. Die niedrigste Tagestemperatur beträgt 4 °C und wird um 0.00 Uhr und um 24.00 Uhr erreicht.

**TIPP** Bei Formulierungen mit „geben Sie an" ist *keine Begründung* erforderlich. Es schadet aber nicht, wenn Sie im Gespräch auf das Ablesen der Werte in der Abbildung eingehen.

**b)** Schnellste Zunahme bedeutet größte Steigung. Man ermittelt den Wendepunkt $W_1$ bei x = 6 aus der Abbildung.
Schnellste Abnahme bedeutet kleinste Steigung. Man ermittelt den Wendepunkt $W_2$ bei x = 18 aus der Abbildung.
Also erfolgt um 6 Uhr die schnellste Zunahme und um 18 Uhr die schnellste Abnahme der Tagestemperatur.

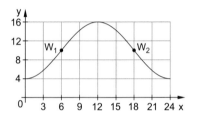

**c)** $f(x) = -a\cos(bx) + 10$
a entspricht der Amplitude der trigonometrischen Funktion f. Die Funktion nimmt Werte zwischen 4 und 16 an. Die doppelte Amplitude ist daher 16 − 4 = 12, die Amplitude 12 : 2 = 6. Damit ist a = 6.

**d)** Der Abstand der Tiefpunkte (0|4) und (24|4) beträgt 24. Dies entspricht der Periode P von f. Zudem gilt $P = \frac{2\pi}{b}$. Durch Gleichsetzen folgt $24 = \frac{2\pi}{b}$ oder $24b = 2\pi$. Damit ist $b = \frac{2\pi}{24} = \frac{\pi}{12}$.

**TIPP** Bei Sinus- oder Kosinusfunktionen lässt sich die Periode am Graphen als Abstand benachbarter Hochpunkte oder benachbarter Tiefpunkte ablesen.

**e)** Der Graph der Kosinusfunktion wurde
- gespiegelt an der x-Achse (wegen des negativen Vorzeichens),
- gestreckt entlang der y-Achse mit dem Faktor a = 6,
- gestreckt entlang der x-Achse mit dem Faktor $\frac{1}{b} = \frac{12}{\pi}$,
- um 10 nach oben verschoben (wegen +10).

**f)** Die höchste Tagestemperatur wird im Hochpunkt erreicht. Rechnerisch muss man also zeigen, dass der Hochpunkt bei x = 12 liegt. Dazu muss zuerst f'(12) = 0 sein.

$$f(x) = -6\cos\left(\frac{\pi}{12}x\right) + 10$$

$$f'(x) = 6\sin\left(\frac{\pi}{12}x\right) \cdot \frac{\pi}{12}$$

$$f'(12) = 6\sin\left(\frac{\pi}{12} \cdot 12\right) \cdot \frac{\pi}{12} = 6\sin(\pi) \cdot \frac{\pi}{12} = 6 \cdot 0 \cdot \frac{\pi}{12} = 0$$

Die Bedingung f'(12) = 0 ist also erfüllt.

Für einen Hochpunkt muss zudem f''(12) < 0 sein.

$$f''(x) = 6\cos\left(\frac{\pi}{12}x\right) \cdot \frac{\pi}{12} \cdot \frac{\pi}{12} = 6\cos\left(\frac{\pi}{12}x\right) \cdot \left(\frac{\pi}{12}\right)^2$$

$$f''(12) = 6\cos\left(\frac{\pi}{12} \cdot 12\right) \cdot \left(\frac{\pi}{12}\right)^2 = 6\cos(\pi) \cdot \left(\frac{\pi}{12}\right)^2 = 6 \cdot (-1) \cdot \left(\frac{\pi}{12}\right)^2 < 0$$

Die Bedingung f''(12) < 0 ist also ebenfalls erfüllt.

Damit ist gezeigt, dass die höchste Tagestemperatur um 12.00 Uhr erreicht wird.

➕ *Alternativlösung:*
Als zweite Bedingung untersucht man das Vorzeichen von f':

$$f'(6) = 6\sin\left(\frac{\pi}{12} \cdot 6\right) \cdot \frac{\pi}{12} = 6\sin\left(\frac{\pi}{2}\right) \cdot \frac{\pi}{12} = 6 \cdot 1 \cdot \frac{\pi}{12} = \frac{\pi}{2} > 0$$

$$f'(18) = 6\sin\left(\frac{\pi}{12} \cdot 18\right) \cdot \frac{\pi}{12} = 6\sin\left(\frac{3\pi}{2}\right) \cdot \frac{\pi}{12} = 6 \cdot (-1) \cdot \frac{\pi}{12} = -\frac{\pi}{2} < 0$$

f' wechselt also bei x = 12 das Vorzeichen von plus nach minus. Die zweite Bedingung für einen Hochpunkt ist damit erfüllt.

## Musteraufgabe 4

**Impuls**

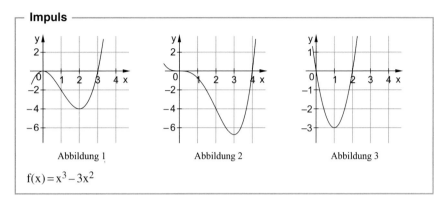

Abbildung 1    Abbildung 2    Abbildung 3

$f(x) = x^3 - 3x^2$

**Mögliche Arbeitsaufträge und Fragestellungen:**

✓ a) Eine der drei Abbildungen stellt den Graphen von f dar.
   Begründen Sie, dass dies Abbildung 1 ist.

b) Die anderen zwei Abbildungen zeigen die Graphen der Ableitungsfunktion f' und einer Stammfunktion F von f.
   Ordnen Sie diesen zwei Funktionen jeweils die passende Abbildung zu.
   Begründen Sie Ihre Entscheidung nur mithilfe der Graphen, also ohne den Term von f zu verwenden.

✓ c) Berechnen Sie die erste Ableitung f'(x) und eine Stammfunktion F(x).

✓ d) Der Graph von $f'(x) = 3x^2 - 6x$ schließt mit der x-Achse eine Fläche ein (siehe Abbildung 3).
   Ermitteln Sie den Flächeninhalt dieser Fläche zuerst näherungsweise, dann exakt.

e) Der Graph der Funktion f wird zunächst an der x-Achse gespiegelt, dann an der y-Achse gespiegelt, danach um 1 nach rechts verschoben und anschließend um 2 nach oben verschoben.
   Stellen Sie einen Funktionsterm g(x) für den so entstandenen Graphen auf.
   Erläutern Sie Ihre Vorgehensweise.

# Lösungsvorschlag

**Prüfungsinhalte**  Ableitung, Stammfunktion, Zusammenhang zwischen F, f und f', Flächenberechnung, Verschiebung und Spiegelung von Graphen

**a)** $f(3) = 3^3 - 3 \cdot 3^2 = 27 - 3 \cdot 9 = 0$
Der einzige Graph, der durch den Punkt $(3\,|\,0)$ geht, ist der in Abbildung 1.

➕ *Alternativlösung 1:*
Man ermittelt die Nullstellen von f:
$$f(x) = 0$$
$$x^3 - 3x^2 = 0$$
$$x^2 \cdot (x-3) = 0$$
Mit dem Satz vom Nullprodukt folgt $x_1 = 0$ oder $x - 3 = 0$, also $x_2 = 3$.
Nur der Graph in Abbildung 1 hat genau die Nullstellen $x_1 = 0$ und $x_2 = 3$.

➕ *Alternativlösung 2:*
$f'(x) = 3x^2 - 6x$ und $f'(2) = 3 \cdot 2^2 - 6 \cdot 2 = 0$
Der einzige Graph, der an der Stelle $x = 2$ die Steigung null und damit eine waagerechte Tangente an dieser Stelle hat, ist der Graph aus Abbildung 1.

**b)** Der Graph von f' entspricht Abbildung 3.

*Begründung:* Der Graph von f hat an der Stelle $x = 0$ einen Hochpunkt und an der Stelle $x = 2$ einen Tiefpunkt. An diesen Stellen ist die erste Ableitung null, also $f'(0) = 0$ und $f'(2) = 0$.
Der Graph in Abbildung 3 ist der einzige, der die x-Achse bei $x = 0$ und $x = 2$ schneidet.

Der Graph von F entspricht Abbildung 2.

*Begründung:* $f(3) = 0$ und f hat bei $x = 3$ einen VZW von – nach +.
Wegen $F'(x) = f(x)$ gilt: $F'(3) = 0$ und F' hat bei $x = 3$ einen VZW von – nach +.
Daraus folgt, dass der Graph von F bei $x = 3$ einen Tiefpunkt hat.
Dies trifft nur auf den Graphen in Abbildung 2 zu.

➕ *Alternativlösung:*
f ist genau im Bereich $0 < x < 2$ fallend. Daher ist die erste Ableitung $f'(x)$ negativ genau für $0 < x < 2$. Dies trifft nur auf den Graphen in Abbildung 3 zu.
Der Graph von f' entspricht also Abbildung 3.
Zudem ist $f(x) < 0$ für $x < 3$. Wegen $F'(x) = f(x)$ gilt: F ist fallend für $x < 3$.
Dies trifft nur auf den Graphen in Abbildung 2 zu.

**c)** $f'(x) = 3x^2 - 6x$ und $F(x) = \dfrac{1}{4}x^4 - x^3$

**d)** Näherungsweise:
Man zählt die Kästchen und rundet dabei sinnvoll.
Es sind 6 Teilkästchen; gerundet sind es etwa 4 volle
Kästchen. Der Flächeninhalt beträgt etwa 4 FE.

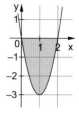

Exakt:
$$\int_0^2 f'(x)\,dx = [f(x)]_0^2 = f(2) - f(0) = -4 - 0 = -4$$

Da die Fläche unterhalb der x-Achse liegt, erhält man einen negativen Wert.
Um den Flächeninhalt zu erhalten, nimmt man den Betrag: $A = |-4| = 4$
Der Flächeninhalt beträgt also genau 4 FE.

**TIPP** f(x) ist eine Stammfunktion von f'(x).

**e)** Funktionsterm von g mit f ausgedrückt: $g(x) = -f(-(x-1)) + 2$
Erläuterung der Vorgehensweise:
$y = f(x) = x^3 - 3x^2$

⇓ Spiegelung an der x-Achse

$y = -f(x) = -(x^3 - 3x^2)$

⇓ Spiegelung an der y-Achse

$y = -f(-x) = -((-x)^3 - 3 \cdot (-x)^2)$

⇓ Verschiebung um 1 nach rechts

$y = -f(-(x-1)) = -((-(x-1))^3 - 3 \cdot (-(x-1))^2)$

⇓ Verschiebung um 2 nach oben

$g(x) = -f(-(x-1)) + 2 = -((-(x-1))^3 - 3 \cdot (-(x-1))^2) + 2$

## Musteraufgabe 5

**Impuls**

v(t) beschreibt die Geschwindigkeit eines Zuges für $0 \leq t \leq 60$
(Zeit t in Sekunden, Geschwindigkeit v(t) in Meter pro Sekunde).

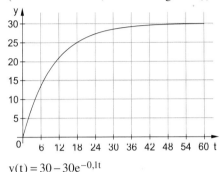

$v(t) = 30 - 30e^{-0,1t}$

**Mögliche Arbeitsaufträge und Fragestellungen:**

a) Ermitteln Sie die Geschwindigkeit des Zuges zum Zeitpunkt $t=0$ sowohl anhand der Abbildung als auch rechnerisch.

b) Geben Sie den Zeitpunkt an, zu dem die Geschwindigkeit 25 Meter pro Sekunde beträgt.

c) Berechnen Sie eine Stammfunktion V(t) von v(t).

d) Weisen Sie nach, dass die Geschwindigkeit des Zuges stets zunimmt.

e) Begründen Sie, dass die Geschwindigkeit des Zuges zu keinem Zeitpunkt die Marke von 30 Meter pro Sekunde überschreitet.

f) Zeigen Sie rechnerisch, dass die Geschwindigkeit des Zuges bei $t=-10\ln(0,1)$ den Wert von 27 Meter pro Sekunde hat.

g) Ermitteln Sie näherungsweise die Strecke, die der Zug in den ersten 18 Sekunden zurücklegt.

h) Weisen Sie nach, dass die Durchschnittsgeschwindigkeit des Zuges in den ersten 18 Sekunden mehr als 12,5 Meter pro Sekunde beträgt. Der Nachweis soll ohne Verwendung von Näherungswerten erfolgen.

# Lösungsvorschlag

**Prüfungsinhalte**  Geschwindigkeit, zurückgelegte Strecke, Stammfunktion, Monotonie, Grenzverhalten, Integral

**a)** Abbildung: Der Graph geht durch den Ursprung $(0|0)$.
Dies bedeutet:
Die Geschwindigkeit zum Zeitpunkt $t=0$ beträgt 0 Meter pro Sekunde.
Rechnerisch: $v(0) = 30 - 30e^{-0{,}1 \cdot 0} = 30 - 30e^0 = 30 - 30 \cdot 1 = 30 - 30 = 0$

**b)** Zum Zeitpunkt $t=18$ beträgt die Geschwindigkeit 25 Meter pro Sekunde.

**TIPP** Bei Formulierungen mit „geben Sie an" ist *keine Begründung* erforderlich. Auf den Wert $t=18$ kommen Sie, indem Sie den Schnittpunkt der Geraden $y=25$ mit dem Graphen ermitteln (18 ist die t-Koordinate des Schnittpunktes).

**c)** $V(t) = 30t - \dfrac{30}{-0{,}1} e^{-0{,}1t} = 30t + 300e^{-0{,}1t}$

**d)** Die Geschwindigkeit nimmt dann zu, wenn $v$ monoton steigend ist.
Die Bedingung hierfür lautet $v'(t) > 0$.
$v'(t) = -30 \cdot (-0{,}1) \cdot e^{-0{,}1t} = 3e^{-0{,}1t}$
Wegen $3 > 0$ und $e^{-0{,}1t} > 0$ ist $3e^{-0{,}1t} > 0$ und die Bedingung $v'(t) > 0$ ist erfüllt.

**TIPP** Bei einem geforderten Nachweis der Monotonie reicht ein Verweis auf die Abbildung nicht. Stattdessen muss man das Vorzeichen der ersten Ableitung untersuchen.

**e)** $v(t) = 30 - 30e^{-0{,}1t}$
Es gilt: $30e^{-0{,}1t} > 0$
Man zieht also von 30 eine positive Zahl ab. Das Ergebnis ist daher stets kleiner als 30. Damit ist bewiesen, dass die Geschwindigkeit des Zuges zu keinem Zeitpunkt die Marke von 30 Meter pro Sekunde überschreitet.

$$\lim_{t \to \infty} v(t) = \lim_{t \to \infty} (30 - \underbrace{30e^{-0{,}1t}}_{\to 0}) = 30$$

Der Graph nähert sich also der waagerechten Asymptote $y=30$ an, erreicht aber für kein $t$ den Wert 30.

⊞ *Alternativlösung:*
v(t) = 30 bedeutet:

$30 - 30e^{-0,1t} = 30 \quad |-30$
$\quad -30e^{-0,1t} = 0 \quad |:(-30)$
$\quad \quad e^{-0,1t} = 0$

Diese Gleichung hat keine Lösung, da eine Exponentialfunktion nicht null sein kann. Damit ist bewiesen, dass die Geschwindigkeit des Zuges zu keinem Zeitpunkt die Marke von 30 Meter pro Sekunde erreicht.

**f)** Man prüft, ob $v(-10\ln(0,1))$ den Wert 27 ergibt.

$v(-10\ln(0,1)) = 30 - 30e^{-0,1 \cdot (-10\ln(0,1))} = 30 - 30e^{\ln(0,1)}$

Da e und ln sich aufheben, vereinfacht sich $e^{\ln(0,1)}$ zu 0,1. Es ergibt sich:
$v(-10\ln(0,1)) = 30 - 30 \cdot 0,1 = 30 - 3 = 27,$ was zu zeigen war.

⊞ *Alternativlösung:*
Man löst die Gleichung v(t) = 27. Als Ergebnis muss man $t = -10\ln(0,1)$ erhalten.

$30 - 30e^{-0,1t} = 27 \quad |-30$
$\quad -30e^{-0,1t} = -3 \quad |:(-30)$
$\quad \quad e^{-0,1t} = 0,1$
$\quad \quad -0,1t = \ln(0,1) \quad |\cdot 10$
$\quad \quad \quad -t = 10\ln(0,1) \quad |\cdot(-1)$
$\quad \quad \quad \quad t = -10\ln(0,1)$

$t = -10\ln(0,1)$ ist der angegebene Wert. Dies bedeutet: Die Geschwindigkeit des Zuges hat bei $t = -10\ln(0,1)$ den Wert von 27 Meter pro Sekunde.

**g)** Der Ansatz lautet: $s = \int_0^{18} v(t)\, dt$

Anschaulich handelt es sich um den Flächeninhalt der Fläche, die vom Graphen und der t-Achse im Bereich von t = 0 bis t = 18 eingeschlossen ist.

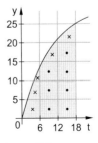

Man zählt näherungsweise die Kästchen:
Es sind 7 volle Kästchen und 5 Teilkästchen.
Die Teilkästchen ergeben etwa 3 volle Kästchen.
Der Flächeninhalt beträgt also etwa 7 + 3 = 10 volle Kästchen. Ein Kästchen entspricht $6 \cdot 5 = 30$.
Insgesamt ergibt sich damit $10 \cdot 30 = 300$.
Der Zug legt also in den ersten 18 Sekunden etwa 300 Meter zurück.

**h)** Die Durchschnittsgeschwindigkeit ist der zurückgelegte Weg durch die Zeit: $\overline{v} = \frac{s}{t}$

Die Zeit ist $t = 18$ und $s = \int_0^{18} v(t)\,dt$ ist anschaulich der Inhalt der Fläche zwischen dem Graphen und der t-Achse (vgl. Teilaufgabe g). Dieser Flächeninhalt ist größer als der Flächeninhalt des rechtwinkligen Dreiecks ABP; vgl. Skizze:

$s = \int_0^{18} v(t)\,dt > A_{\triangle ABP}$

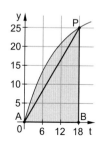

Es gilt:

$A_{\triangle ABP} = \dfrac{\overline{AB} \cdot \overline{BP}}{2} = \dfrac{18 \cdot 25}{2} = 9 \cdot 25$

Damit folgt:

$\overline{v} = \dfrac{s}{t} = \dfrac{\int_0^{18} v(t)\,dt}{18} > \dfrac{A_{\triangle ABP}}{18} = \dfrac{9 \cdot 25}{18} = \dfrac{25}{2} = 12{,}5$

Die Durchschnittsgeschwindigkeit des Zuges ist also in den ersten 18 Sekunden größer als 12,5 Meter pro Sekunde.

# Musteraufgabe 6

**Impuls**

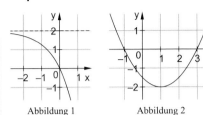

Abbildung 1  Abbildung 2  Abbildung 3

$f(x) = a \cdot (x+b) \cdot (x-c)$ mit $b > 0$, $c > 0$
$g(x) = -a \cdot \sin(bx) + c$
$h(x) = a + be^x$

**Mögliche Arbeitsaufträge und Fragestellungen:**

a) Die drei Abbildungen zeigen die Graphen der Funktionen f, g und h. Untersuchen Sie, welche Abbildung zu welcher der drei Funktionen gehört. Begründen Sie jeweils Ihre Wahl.

b) Geben Sie bei $f(x) = a \cdot (x+b) \cdot (x-c)$ die Werte von b und c an und ermitteln Sie den Wert von a.

c) Geben Sie bei $g(x) = -a \cdot \sin(bx) + c$ die Werte von a und c an und bestimmen Sie den Wert von b.

d) Ermitteln Sie bei $h(x) = a + be^x$ die Werte von a und b.

e) Zeigen Sie, dass $h'(x) = h''(x)$ ist.

f) Ermitteln Sie jene Stammfunktion G von g, bei der $G(1) = 5$ gilt.

g) Bestimmen Sie rechnerisch die in Abbildung 3 sichtbaren Nullstellen des Graphen von g.

h) Ermitteln Sie die Koordinaten jenes Schnittpunktes des Graphen von g mit der x-Achse, der zum Punkt $P(100|0)$ den kleinsten Abstand hat.

# Lösungsvorschlag

**Prüfungsinhalte**  Exponentialfunktion, ganzrationale Funktion, Sinusfunktion, Ableitung, Stammfunktion, Nullstelle

**a)** f gehört zu Abbildung 2.
*Begründung:* f ist eine ganzrationale Funktion zweiten Grades, der Graph in Abbildung 2 ist eine Parabel.
g gehört zu Abbildung 3.
*Begründung:* g ist eine Sinusfunktion, der Graph in Abbildung 3 stellt als einziger eine trigonometrische (also periodische) Funktion dar.
h gehört zu Abbildung 1.
*Begründung:* h ist eine Exponentialfunktion, deren Graph eine waagerechte Asymptote hat. Der Graph in Abbildung 1 stellt als einziger eine Exponentialfunktion mit Asymptote dar.

**b)** Aus den Nullstellen der Parabel in Abbildung 2 ergibt sich $b = 1$ und $c = 3$, also $f(x) = a \cdot (x+1) \cdot (x-3)$.
Die Punktprobe mit dem abgelesenen Punkt $(1\,|\,-2)$ liefert:
$-2 = a \cdot 2 \cdot (-2)$ bzw. $-4a = -2$, also $a = 0{,}5$

**c)** $a = 2$ als Amplitude der in Abbildung 3 dargestellten Sinuskurve.
$c = 2$, da der Graph der Funktion $y = -a \cdot \sin(bx)$ um 2 nach oben verschoben wurde.
Um b zu ermitteln, nutzt man die Periode. Dem Graphen kann man entnehmen, dass $P = 4$ ist. Andererseits gilt laut Formel $P = \frac{2\pi}{b}$. Durch Gleichsetzen folgt:
$\frac{2\pi}{b} = 4$ bzw. $2\pi = 4b$, also $b = \frac{2\pi}{4} = \frac{\pi}{2}$

**d)** $a = 2$ wegen der waagerechten Asymptote $y = 2$. Damit ist $h(x) = 2 + be^x$.
Die Punktprobe mit $(0\,|\,0)$ liefert $0 = 2 + b \cdot e^0$ oder $2 + b = 0$, also $b = -2$.

**e)** $h(x) = 2 - 2e^x$ (vgl. Teilaufgabe d)
$h'(x) = -2e^x$ und $h''(x) = -2e^x$. Damit ist $h'(x) = h''(x)$.

**f)** $g(x) = -2\sin\left(\frac{\pi}{2}x\right) + 2$ (vgl. Teilaufgabe c)
$G(x) = \frac{2}{\frac{\pi}{2}} \cdot \cos\left(\frac{\pi}{2}x\right) + 2x + c = \frac{4}{\pi} \cdot \cos\left(\frac{\pi}{2}x\right) + 2x + c$

**TIPP** Bei Stammfunktionen braucht man dann eine Konstante c, wenn eine Zusatzbedingung wie z. B. ein bestimmter Punkt gegeben ist, durch den der Graph der Stammfunktion verläuft.

$G(1) = 5 \Rightarrow \dfrac{4}{\pi} \cdot \cos\left(\dfrac{\pi}{2}\right) + 2 + c = 5 \Rightarrow \dfrac{4}{\pi} \cdot 0 + 2 + c = 5 \Rightarrow c = 3$

Die gesuchte Stammfunktion lautet $G(x) = \dfrac{4}{\pi} \cdot \cos\left(\dfrac{\pi}{2} x\right) + 2x + 3$.

**g)**
$$g(x) = 0$$
$$-2\sin\left(\dfrac{\pi}{2} x\right) + 2 = 0 \quad |-2$$
$$-2\sin\left(\dfrac{\pi}{2} x\right) = -2 \quad |:(-2)$$
$$\sin\left(\dfrac{\pi}{2} x\right) = 1$$
$$\dfrac{\pi}{2} x = \dfrac{\pi}{2} \quad |\cdot 2$$
$$x = 1$$

x = 1 ist die kleinste Lösung. Die Periode ist P = 4. Daraus folgt:
Die nächste Lösung ist 1 + 4 = 5, die übernächste Lösung ist 5 + 4 = 9.

➕ *Alternativlösung:*

$$\sin\left(\dfrac{\pi}{2} x\right) = 1$$
$$\dfrac{\pi}{2} x = \dfrac{\pi}{2} + 2k\pi \quad |:\pi$$
$$\dfrac{1}{2} x = \dfrac{1}{2} + 2k \quad |\cdot 2$$
$$x = 1 + 4k$$

$x = 1 + 4k$, wobei k eine natürliche Zahl ist.
$k = 0 \Rightarrow x = 1$
$k = 1 \Rightarrow x = 5$
$k = 2 \Rightarrow x = 9$

**h)** Wegen der Periode P = 4 ergeben sich diese Nullstellen (vgl. Teilaufgabe g):
1, 5, 9, 13, 17, 21, 25, 29, 33, 37, 41, …
Man kann erkennen: 97 und 101 sind ebenfalls Nullstellen von g.
Die zu P(100|0) benachbarten Schnittpunkte des Graphen von g mit der x-Achse sind somit (101|0) und (97|0). Der Punkt (101|0) hat den Abstand 1 zu P(100|0), der Punkt (97|0) den Abstand 3. Somit ist der gesuchte Punkt (101|0).

➕ Die Nullstellen haben die Form 4k + 1 (vgl. Alternativlösung in Teilaufgabe g). Für k = 25 ergibt sich 4 · 25 + 1 = 101, für k = 24 erhält man 4 · 24 + 1 = 97 und 101 liegt näher zu 100 als 97.

## Musteraufgabe 7

**Impuls**

Die Parabel aus der Abbildung ist der Graph der Funktion
$f(x) = -x^2 + 10x - 16$.

$t_1$, $t_2$ und $t_3$ sind drei Tangenten an die Parabel.

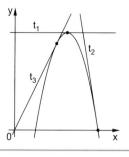

**Mögliche Arbeitsaufträge und Fragestellungen:**

a) Geben Sie eine Stammfunktion F von f an.

b) Ermitteln Sie den Hochpunkt der Parabel.

c) Zeigen Sie, dass $x = 2$ eine Nullstelle der Parabel ist, und bestimmen Sie ohne weitere Rechnung die andere Nullstelle der Parabel.

d) Geben Sie die Gleichung der Tangente $t_1$ an.

e) $t_2$ ist die Tangente im Punkt $(8|0)$. Ermitteln Sie die Gleichung von $t_2$.

f) Es gibt genau eine Tangente $t_3$, die durch den Ursprung geht und die Parabel im positiven Bereich berührt.
Zeigen Sie, dass $t_3$ die Gleichung $y = 2x$ hat.

g) Die Parabel, die Tangente $t_1$ und die Koordinatenachsen schließen eine Fläche ein. Beschreiben Sie ein Verfahren, um den Flächeninhalt dieser Fläche zu ermitteln.

# Lösungsvorschlag

**Prüfungsinhalte**  Parabel, Stammfunktion, Nullstelle, Hochpunkt, Tangente, Flächenberechnung, Integral

**a)** $F(x) = -\dfrac{1}{3}x^3 + 5x^2 - 16x$

**b)** $f'(x) = -2x + 10$
$\quad f'(x) = 0$
$\quad -2x + 10 = 0$
$\quad\quad\quad x = 5$
$y = f(5) = -5^2 + 10 \cdot 5 - 16 = -25 + 50 - 16 = 9$
Der Hochpunkt ist H(5|9).

**c)** Zeigen, dass $x = 2$ eine Nullstelle ist:
$f(2) = -2^2 + 10 \cdot 2 - 16 = -4 + 20 - 16 = 0$
Damit ist $x = 2$ eine Nullstelle.

Bestimmung der anderen Nullstelle:
Die Nullstellen liegen links und rechts symmetrisch zum Scheitelpunkt der Parabel. Die eine Nullstelle ist $x = 2$, der Hochpunkt hat die x-Koordinate 5. Der Abstand zwischen 5 und 2 ist 3. Daraus folgt, dass die andere Nullstelle $x = 8$ ist (als $5 + 3$).

**d)** $t_1$: $y = 9$
$t_1$ verläuft durch den Hochpunkt H(5|9) und ist somit parallel zur x-Achse.

**e)** $t_2$: $y = mx + c$
$f'(x) = -2x + 10$
$m = f'(8) = -2 \cdot 8 + 10 = -6$

**TIPP** Um die Steigung einer Tangente zu erhalten, berechnet man die erste Ableitung an der entsprechenden Stelle.

$t_2$: $y = -6x + c$
Punktprobe mit (8|0):
$0 = -6 \cdot 8 + c \Rightarrow c = 48$
Damit ist $t_2$: $y = -6x + 48$.

**f)** Zunächst ermittelt man alle Punkte der Parabel, in denen die Steigung 2 ist.
$f'(x) = 2$
$-2x + 10 = 2$
$\phantom{-2x+1}-2x = -8$
$\phantom{-2x+10=}x = 4$
$y = f(4) = -4^2 + 10 \cdot 4 - 16 = -16 + 40 - 16 = 8$
Der einzige Punkt, in dem die Steigung der Tangente 2 beträgt, ist also P(4|8).
Nun stellt man die Gleichung der Tangente in diesem Punkt auf:
t: $y = mx + c$ mit $m = 2$, dies war der Ansatz.
t: $y = 2x + c$
Punktprobe mit (4|8):
$8 = 2 \cdot 4 + c \Rightarrow c = 0$
Also t: $y = 2x$.
Diese Tangente geht durch den Ursprung, da $0 = 2 \cdot 0$.
Damit ist bewiesen, dass $t_3$ die Gleichung $y = 2x$ hat.

➕ *Alternativlösung:*
Man untersucht die gemeinsamen Punkte einer Ursprungsgeraden $y = mx$ und des Graphen von f, also die Gleichung $f(x) = mx$.
$$-x^2 + 10x - 16 = mx$$
$$\Leftrightarrow \quad -x^2 + 10x - mx - 16 = 0$$
$$\Leftrightarrow \quad -x^2 + (10 - m) \cdot x - 16 = 0$$
$$\Leftrightarrow \quad x_{1,2} = \frac{-(10-m) \pm \sqrt{(10-m)^2 - 4 \cdot (-1) \cdot (-16)}}{2 \cdot (-1)}$$
Es sei $\Delta = (10 - m)^2 - 4 \cdot 16$.
Wenn $\Delta > 0$, dann schneidet die Gerade die Parabel (in zwei Punkten).
Wenn $\Delta < 0$, haben die Gerade und die Parabel keine gemeinsamen Punkte.
Die Bedingung für eine Berührung ist $\Delta = 0$, also $(10-m)^2 - 4 \cdot 16 = 0$.
$\phantom{xxx}(10 - m)^2 = 64$
$10 - m = 8 \quad$ oder $\quad 10 - m = -8$
$\phantom{10 - }m = 2 \quad$ oder $\phantom{xxxx} m = 18$
Für $m = 2$ entsteht die Tangente $t_3$ mit der Gleichung $y = 2x$. Der Wert $m = 18$ liefert eine weitere Tangente an die Parabel, die ebenfalls durch den Ursprung geht. Diese Tangente mit der Gleichung $y = 18x$ ist aber nicht die eingezeichnete. Setzt man $m = 18$ in die Lösungsformel ein, erhält man $x = -4$. Die Tangente $y = 18x$ berührt den Graphen im Punkt B(-4|f(-4)), also nicht im positiven Bereich.

**g)** Die gesuchte Fläche ist in der linken Abbildung getönt.
Zur Berechnung des Flächeninhalts ermittelt man zunächst die linke Nullstelle a und den Hochpunkt H(b|c) der Parabel. Von dem Flächeninhalt des dick umrandeten Rechtecks zieht man den Inhalt der in der rechten Abbildung getönten Fläche ab.

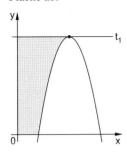
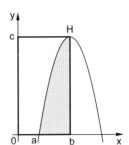

Also: $A = b \cdot c - \int_a^b f(x)\,dx$

Das Integral berechnet man mit $\int_a^b f(x)\,dx = F(b) - F(a)$.

➕ In Teilaufgabe b hat man die Koordinaten des Hochpunktes ermittelt, H(5|9).
In Teilaufgabe c hat man zudem bestätigt, dass x = 2 die linke Nullstelle ist.
Aus diesen Daten und mit der Stammfunktion aus Teilaufgabe a kann man den Flächeninhalt direkt mit dem oben beschriebenen Ansatz berechnen.

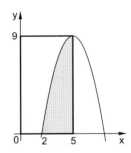

## Musteraufgabe 8

**Impuls**

In der Abbildung ist der Graph einer Stammfunktion F einer Funktion f dargestellt.
F ist eine ganzrationale Funktion dritten Grades.

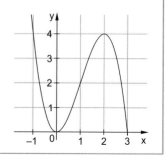

**Mögliche Arbeitsaufträge und Fragestellungen:**

✓ a) Geben Sie die Achsenschnittpunkte, die Extrempunkte und den Wendepunkt des Graphen von F an.

✓ b) Ermitteln Sie die Nullstellen der Funktion f.

✓ c) Bestimmen Sie die Extremstelle von f und skizzieren Sie den Graphen der Funktion f.

✓ d) Ermitteln Sie näherungsweise den Inhalt der Fläche, die vom Graphen von F und der x-Achse eingeschlossen wird.

✓ e) Bestimmen Sie den Inhalt der Fläche, die vom Graphen der Funktion f und der x-Achse eingeschlossen wird, exakt.

✓ f) Geben Sie die Gleichung einer Geraden an, die mit dem Graphen von F zwei gleich große Flächen einschließt.
Untersuchen Sie, ob es weitere Geraden mit dieser Eigenschaft gibt.

## Lösungsvorschlag

**Prüfungsinhalte** ganzrationale Funktion, Nullstelle, Extrempunkt, Wendepunkt, Zusammenhang zwischen F, f und f ', Flächenberechnung, Integral

**a)** Achsenschnittpunkte: $S_1(0|0)$; $S_2(3|0)$
Extrempunkte: $T(0|0)$; $H(2|4)$
Wendepunkt: $W(1|2)$

**b)** Die Nullstellen von f sind $x=0$ und $x=2$.
*Begründung:* F hat an den Stellen $x=0$ und $x=2$ Extrempunkte. Daher ist $F'(0)=0$ und $F'(2)=0$. Wegen $F'(x)=f(x)$ gilt dann $f(0)=0$ und $f(2)=0$.

**c)** Bestimmung der Extremstelle von f:
F ist eine ganzrationale Funktion dritten Grades. Wegen $F'(x)=f(x)$ ist f eine ganzrationale Funktion zweiten Grades; der Graph von f ist eine Parabel mit den Nullstellen $x=0$ und $x=2$. Der Extrempunkt des Graphen von f ist der Scheitelpunkt der Parabel. Dieser liegt „in der Mitte" zwischen den Nullstellen, also bei $x=1$.

Skizzierung des Graphen von f:
F ist für $x<0$ fallend, zwischen $x=0$ und $x=2$ steigend und für $x>2$ wieder fallend.
Aus $F'(x)=f(x)$ folgt:
Der Graph von f verläuft für $x<0$ unterhalb der x-Achse, zwischen 0 und 2 oberhalb der x-Achse und für $x>2$ wieder unterhalb der x-Achse.
So entsteht die Parabel in der Skizze.

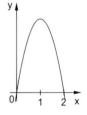

➕ *Alternativlösung zur Extremstelle:*
An der Stelle $x=1$ hat der Graph von F einen Wendepunkt. An dieser Stelle muss der Graph von f einen Extrempunkt haben.
*Begründung:* Die Bedingung für den Wendepunkt ist $F''(1)=0$ bzw. $(F')'(1)=0$ oder $f'(1)=0$. Die erste Ableitung von f ist also null bei $x=1$; daher ist $x=1$ die Extremstelle von f.

**d)** Es handelt sich um die in der Abbildung getönte Fläche.

Für den Flächeninhalt gilt $A = \int_0^3 F(x)\,dx$.

Man zählt die Kästchen:
Es gibt 2 volle Kästchen und 8 Teilkästchen.
Letztere kann man als halbe Kästchen rechnen.
Insgesamt: $2 + 8 \cdot 0{,}5 = 2 + 4 = 6$
Der Flächeninhalt beträgt also etwa 6 Flächeneinheiten.

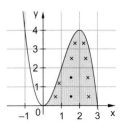

**e)** Der Graph der Funktion f ist eine Parabel mit den Nullstellen $x=0$ und $x=2$ und dem Scheitelpunkt bei $x=1$. Die Parabel verläuft zwischen $x=0$ und $x=2$ oberhalb der x-Achse; vgl. Teilaufgabe c.
Für den Inhalt der Fläche gilt:

$$A = \int_0^2 f(x)\,dx = F(2) - F(0) = 4 - 0 = 4$$

Die Fläche, die vom Graphen der Funktion f und der x-Achse eingeschlossen wird, hat als Flächeninhalt exakt 4 Flächeneinheiten.

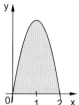

**f)** Eine solche Gerade ist $y=2$, siehe die Abbildung links:

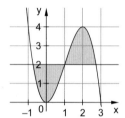 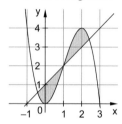

Es gibt auch andere Geraden mit dieser Eigenschaft, z. B. die Gerade $y=x+1$, siehe die Abbildung rechts.
Der Graph von F ist punktsymmetrisch zum Wendepunkt $(1|2)$. Daher sind in beiden Abbildungen die getönten Flächen jeweils gleich groß.

➕ Es gibt unendlich viele weitere solche Geraden.
*Begründung:* Jede Gerade, die durch den Wendepunkt $(1|2)$ geht und deren Steigung kleiner als die Steigung der Wendetangente ist, schließt mit dem Graphen von F zwei gleich große Flächen ein. Dies liegt daran, dass der Graph von F punktsymmetrisch zum Wendepunkt $(1|2)$ ist.

## Baden-Württemberg ▪ Basisfach Mathematik
Mündliche Abiturprüfung ▪ Teil 2 (Prüfungsgespräch) ▪ Geometrie

### Musteraufgabe 9

**Impuls**

$P(3|2|6)$, $Q(5|3|9)$, $R(7|4|12)$
und
$A(2|1|0)$, $B(2|5|0)$, $C(4|3|0)$

**Mögliche Arbeitsaufträge und Fragestellungen:**

a) Die Gerade g geht durch die Punkte P und Q.
   Stellen Sie eine Gleichung der Geraden g auf und nennen Sie den Stützvektor und den Richtungsvektor.

b) Untersuchen Sie rechnerisch, ob der Punkt R auf g liegt.

c) Begründen Sie, dass die Punkte A, B und C in derselben Koordinatenebene liegen.

d) Zeigen Sie, dass das Dreieck ABC bei C rechtwinklig ist.

e) Ermitteln Sie die Koordinaten des Punktes D, sodass ADBC ein Rechteck wird.

f) Geben Sie einen Punkt an, der von allen drei Punkten A, B und C gleich weit entfernt ist.

g) Ermitteln Sie alle Punkte im Raum, die von den drei Punkten A, B und C gleich weit entfernt sind.

# Lösungsvorschlag

**Prüfungsinhalte**  Gerade, Punktprobe, Koordinatenebene, rechtwinkliges Dreieck, Rechteck, geometrischer Ort

**a)** Laut Theorie hat g die Form g: $\vec{x} = \overrightarrow{OP} + t \cdot \overrightarrow{PQ}$. Der erste Vektor ist der Stützvektor, der zweite Vektor ist der Richtungsvektor.

$$g: \vec{x} = \begin{pmatrix} 3 \\ 2 \\ 6 \end{pmatrix} + t \cdot \begin{pmatrix} 2 \\ 1 \\ 3 \end{pmatrix}$$

  Stützvektor   Richtungsvektor

➕ Wählt man Q als Stützpunkt von g, ergibt sich $\vec{x} = \overrightarrow{OQ} + t \cdot \overrightarrow{QP}$ und es entsteht diese Geradengleichung von g:

$$\vec{x} = \begin{pmatrix} 5 \\ 3 \\ 9 \end{pmatrix} + t \cdot \begin{pmatrix} -2 \\ -1 \\ -3 \end{pmatrix}$$

**b)** Man führt die Punktprobe für R durch:
$3 + 2t = 7 \Rightarrow 2t = 4 \Rightarrow t = 2$
$2 + t = 4 \Rightarrow t = 2$
$6 + 3t = 12 \Rightarrow 3t = 6 \Rightarrow t = 2$
Da alle drei Parameterwerte gleich sind, liegt der Punkt R auf der Geraden g.

**c)** Die drei Punkte A, B und C liegen in der $x_1 x_2$-Ebene, da alle drei $x_3$-Koordinaten null sind.

**d)** Man muss zeigen, dass das Skalarprodukt $\overrightarrow{CA} \cdot \overrightarrow{CB}$ null ist.

$$\overrightarrow{CA} \cdot \overrightarrow{CB} = \begin{pmatrix} -2 \\ -2 \\ 0 \end{pmatrix} \cdot \begin{pmatrix} -2 \\ 2 \\ 0 \end{pmatrix} = (-2) \cdot (-2) + (-2) \cdot 2 + 0 \cdot 0 = 4 - 4 = 0$$

Die Bedingung ist erfüllt. Das Dreieck ABC ist also bei C rechtwinklig.

**e)** In einem Rechteck sind die gegenüberliegenden Seiten gleich lang und parallel. Mit $D(x_1 | x_2 | x_3)$ gilt:

$\overrightarrow{AD} = \overrightarrow{CB}$

$\begin{pmatrix} x_1 - 2 \\ x_2 - 1 \\ x_3 - 0 \end{pmatrix} = \begin{pmatrix} -2 \\ 2 \\ 0 \end{pmatrix}$

$x_1 - 2 = -2 \Rightarrow x_1 = 0$
$x_2 - 1 = 2 \Rightarrow x_2 = 3$
$x_3 - 0 = 0 \Rightarrow x_3 = 0$

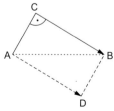

Also: D(0|3|0)
Da der Winkel bei C ein rechter ist, ist das Viereck ADBC ein Rechteck.

➕ Man kann auch eine Probe machen:
$\overrightarrow{AC} = \overrightarrow{DB}$ also $\begin{pmatrix} 2 \\ 2 \\ 0 \end{pmatrix} = \begin{pmatrix} 2 \\ 2 \\ 0 \end{pmatrix}$ und es stimmt.

f) Der Schnittpunkt M der Diagonalen im Rechteck ADBC hat diese Eigenschaft.
In einem Rechteck halbieren sich die Diagonalen.
Da die zwei Diagonalen außerdem gleich lang sind, sind MA, MB, MC und MD ebenfalls gleich lang.
Damit ist der Mittelpunkt M(2|3|0) gleich weit entfernt von allen vier Eckpunkten, also auch von A, B und C.

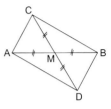

➕ Weil bei C ein rechter Winkel ist, liegt C auf dem Thaleskreis über AB. Der Mittelpunkt M(2|3|0) der Strecke AB hat die gesuchte Eigenschaft, denn:
$\overline{MA} = \overline{MB} = \overline{MC}$
Die drei Strecken sind Radien im Thaleskreis.

g) Die drei Punkte A, B und C liegen in der $x_1x_2$-Ebene (siehe Teilaufgabe c). M aus Teilaufgabe f ist der einzige Punkt mit der gesuchten Eigenschaft in der $x_1x_2$-Ebene.
Die gesuchten Punkte im Raum liegen auf der Geraden, die durch M geht und senkrecht zur Ebene des Dreiecks steht.

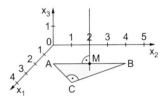

➕ *Alternativlösung:*
Zunächst untersucht man, wo alle Punkte liegen, die von A und B gleich weit entfernt sind.
Auf der Strecke AB ist dies nur der Punkt M, in der $x_1x_2$-Ebene ist dies die Mittelsenkrechte der Strecke AB und im Raum eine mittelsenkrechte Ebene E, die durch M geht und senkrecht zur Strecke AB steht. Ganz ähnlich folgt:

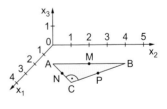

Alle Punkte, die von A und C gleich weit entfernt sind, liegen in einer Ebene F, die durch den Mittelpunkt N geht und senkrecht zur Strecke AC steht.
Alle Punkte, die von B und C gleich weit entfernt sind, liegen in einer Ebene G, die durch den Mittelpunkt P geht und senkrecht zur Strecke BC steht.
Die gesuchten Punkte sind die gemeinsamen Punkte der Ebenen E, F und G.
Diese Punkte liegen auf jener Geraden, die durch den Punkt M geht und senkrecht zur $x_1x_2$-Ebene steht.

## Musteraufgabe 10

**Impuls**

Regelmäßige quadratische Pyramide
mit Spitze S und Grundfläche ABCD
mit $A(4|4|0)$.
Höhe der Pyramide: 5 cm
Der Ursprung des Koordinatensystems
ist der Mittelpunkt der Grundfläche.
Die Grundkanten sind achsenparallel.
Längeneinheit: 1 cm

Ebene E: $5x_2 + cx_3 = 20$

Gerade g: $\vec{x} = \overrightarrow{OS} + t \cdot \overrightarrow{SA}$

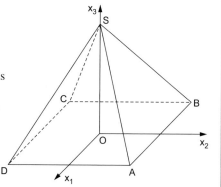

**Mögliche Arbeitsaufträge und Fragestellungen:**

a) Geben Sie die Koordinaten der Punkte B und S an.

b) Ermitteln Sie das Volumen der Pyramide.

c) Zeigen Sie rechnerisch, dass das Dreieck ABS gleichschenklig ist.

d) Untersuchen Sie, ob das Dreieck ABS bei S rechtwinklig ist.

e) Ermitteln Sie einen Term zur Bestimmung des Neigungswinkels zwischen der Seitenkante AS und der Grundfläche.

f) Die Ebene E geht durch die Punkte A, B und S. Ermitteln Sie c. Welche besondere Lage hat E im Koordinatensystem?

g) Ermitteln Sie alle Punkte der Geraden g, die mit $-1 \leq t \leq 1$ beschrieben werden.

## Lösungsvorschlag

**Prüfungsinhalte**: Pyramide, Volumen, gleichschenkliges Dreieck, Gerade, Ebene, Schnittwinkel zwischen Gerade und Ebene

**a)** $B(-4|4|0)$; $S(0|0|5)$

A und B liegen beide in der $x_1x_2$-Ebene, daher ist $x_3=0$. A und B liegen zudem symmetrisch zur $x_2$-Achse, deswegen sind die $x_1$-Koordinaten 4 und $-4$.
Der Punkt S liegt auf der $x_3$-Achse, daher ist $x_1=x_2=0$. Und $x_3=5$, da die Höhe der Pyramide 5 cm ist.

**b)** Kantenlänge der Grundfläche:

$a = \overline{AB} = 8$ [cm]

Volumen der Pyramide:

$$V = \frac{1}{3} \cdot G \cdot h = \frac{1}{3} \cdot a^2 \cdot h = \frac{1}{3} \cdot 8^2 \cdot 5 = \frac{1}{3} \cdot 64 \cdot 5 = \frac{320}{3} \ [cm^3]$$

**c)** Man berechnet die Seitenlängen:

$\overline{AS} = \sqrt{(0-4)^2 + (0-4)^2 + (5-0)^2} = \sqrt{16+16+25} = \sqrt{57}$

$\overline{BS} = \sqrt{(0-(-4))^2 + (0-4)^2 + (5-0)^2} = \sqrt{16+16+25} = \sqrt{57}$

AS und BS sind gleich lang. Damit ist das Dreieck ABS gleichschenklig.

**TIPP** Da die Pyramide regelmäßig ist, müssen die Kanten AS und BS gleich lang sein. Dies ist aber kein rechnerischer Nachweis.

**d)** Es kommt darauf an, ob das Skalarprodukt null ist.

$$\vec{AS} \cdot \vec{BS} = \begin{pmatrix} -4 \\ -4 \\ 5 \end{pmatrix} \cdot \begin{pmatrix} 4 \\ -4 \\ 5 \end{pmatrix} = (-4) \cdot 4 + (-4) \cdot (-4) + 5 \cdot 5 = -16 + 16 + 25 = 25 \neq 0$$

Das Skalarprodukt ist nicht null. Also ist das Dreieck ABS nicht rechtwinklig bei S.

**+** Wenn das Dreieck ABS bei S rechtwinklig wäre, dann wären die anderen drei Dreiecke BCS, CDS und DAS ebenfalls rechtwinklig bei S. Dies geht aber nicht, denn dazu müsste die Spitze S in der Grundfläche liegen.

**e)** Es handelt sich um den Winkel zwischen einer Geraden und einer Ebene.

Man arbeitet mit dem Vektor $\vec{AS} = \begin{pmatrix} -4 \\ -4 \\ 5 \end{pmatrix}$ und mit dem Normalenvektor $\begin{pmatrix} 0 \\ 0 \\ 1 \end{pmatrix}$ der $x_1x_2$-Ebene.

Für den Winkel gilt:

$$\sin(\alpha) = \frac{\left|\begin{pmatrix}-4\\-4\\5\end{pmatrix} \cdot \begin{pmatrix}0\\0\\1\end{pmatrix}\right|}{\left|\begin{pmatrix}-4\\-4\\5\end{pmatrix}\right| \cdot \left|\begin{pmatrix}0\\0\\1\end{pmatrix}\right|} = \frac{|0+0+5\cdot 1|}{\sqrt{(-4)^2+(-4)^2+5^2} \cdot \sqrt{0^2+0^2+1^2}} = \frac{5}{\sqrt{57}\cdot 1}$$

**f)** Ermittlung von c:
Man macht die Punktprobe mit dem Punkt A(4|4|0) in E:
$5 \cdot 4 + c \cdot 0 = 20$  (wahre Aussage)
Die Gleichung stimmt zwar, aber c verschwindet.
Jetzt macht man die Punktprobe mit dem Punkt S(0|0|5) in E:
$5 \cdot 0 + c \cdot 5 = 20$
$\phantom{5 \cdot 0 + }5c = 20$
$\phantom{5 \cdot 0 + 5}c = 4$
Also ist c = 4.

Besondere Lage von E:
E ist parallel zur $x_1$-Achse, da $x_1$ in der Ebenengleichung nicht vorkommt.

✚ Die Ebene $5x_2 + cx_3 = 20$ hat keinen Spurpunkt $S_1$, schneidet die $x_1$-Achse also nicht. Daher muss E parallel zur $x_1$-Achse verlaufen.

**g)** Zunächst ermittelt man die Punkte der
Geraden g für t = 0, t = 1 und t = −1:
t = 1  ⇒  A
t = 0  ⇒  S
t = −1 ⇒  A*
Für t = 0 erhält man den Punkt S, für t = 1
den Punkt A. Der Punkt A*, der sich für
t = −1 ergibt, ist der Spiegelpunkt von A
an S.
Mit −1 ≤ t ≤ 1 werden also alle Punkte der Strecke AA* beschrieben.

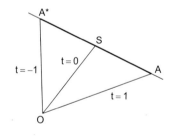

✚ Mit 0 ≤ t ≤ 1 wird die Strecke SA beschrieben. Mit 0,5 ≤ t ≤ 1 wird die Strecke MA erfasst, wobei M der Mittelpunkt der Strecke SA ist.

## Musteraufgabe 11

**Impuls**

Ein Würfel mit der Kantenlänge 6 cm ist in einem Koordinatensystem dargestellt. $A(6|0|0)$ ist einer der Eckpunkte des Würfels.

Längeneinheit: 1 cm

Ebenfalls gegeben:
Ebene $E_1$: $x_1 + x_2 + x_3 = 12$

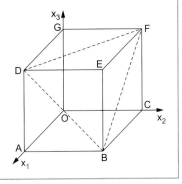

**Mögliche Arbeitsaufträge und Fragestellungen:**

✓ a) Geben Sie die Koordinaten der Punkte B, D, G und F an.

✓ b) Stellen Sie eine Gleichung der Ebene $E_2$ auf, die die obere Seitenfläche DEFG enthält.

✓ c) Zeigen Sie, dass das Dreieck BDF gleichseitig ist.

✓ d) Untersuchen Sie, ob die Punkte B, D und G in der Ebene $E_1$ liegen.

✓ e) Ermitteln Sie einen Term zur Bestimmung des Winkels zwischen der Ebene $E_1$ und der $x_1x_2$-Ebene.

✓ f) Der dargestellte Würfel soll nun allgemein die Kantenlänge a besitzen. Ermitteln Sie damit den Anteil des Volumens der Pyramide BDFE am gesamten Würfelvolumen.

# Lösungsvorschlag

**Prüfungsinhalte** Würfel, Ebene, Punktprobe, Schnittwinkel zwischen zwei Ebenen, gleichseitiges Dreieck, Pyramide, Volumen

**a)** Die gesuchten Punkte sind $B(6|6|0)$, $D(6|0|6)$, $G(0|0|6)$ und $F(0|6|6)$.

**b)** $E_2$: $x_3 = 6$
Für die Punkte D, E, F, G gilt $x_3 = 6$, also hat die Ebene $E_2$ die Gleichung $x_3 = 6$.

➕ Die Ebene $E_2$ verläuft parallel zur $x_1x_2$-Ebene im Abstand 6.

➕ *Ansatz einer Alternativlösung:*
Man kann z. B. die drei Punkte D, E und G auswählen. Diese drei Punkte bestimmen eine Ebene und eine Parametergleichung wäre:
$E_2$: $\vec{x} = \vec{OD} + t \cdot \vec{DE} + s \cdot \vec{DG}$

**c)** Man berechnet die Längen der drei Seiten:

$\overline{BD} = \sqrt{(6-6)^2 + (0-6)^2 + (6-0)^2} = \sqrt{0+36+36} = \sqrt{72}$

$\overline{BF} = \sqrt{(0-6)^2 + (6-6)^2 + (6-0)^2} = \sqrt{36+0+36} = \sqrt{72}$

$\overline{DF} = \sqrt{(0-6)^2 + (6-0)^2 + (6-6)^2} = \sqrt{36+36+0} = \sqrt{72}$

Die drei Seiten sind gleich lang, also ist das Dreieck BDF gleichseitig.

➕ *Alternativlösung:*
Die Seiten BD, BF und DF sind Diagonalen von quadratischen Seitenflächen des Würfels. Sie sind also gleich lang, da alle Quadrate die Seitenlänge 6 cm haben. Das Dreieck BDF ist daher gleichseitig.

**d)** Man führt dreimal die Punktprobe durch:
B in $E_1$: $6+6+0 = 12$ stimmt, B liegt in $E_1$.
D in $E_1$: $6+0+6 = 12$ stimmt, D liegt auch in $E_1$.
G in $E_1$: $0+0+6 \neq 12$ stimmt nicht, G liegt also nicht in $E_1$.

➕ Der Punkt $F(0|6|6)$ liegt in der Ebene $E_1$, denn $0+6+6 = 12$ und es stimmt. Daraus folgt: Das gesamte Dreieck BDF liegt in der Ebene $E_1$.

**e)** Es handelt sich um den Winkel zwischen zwei Ebenen.

Der Normalenvektor von $E_1$ ist $\begin{pmatrix}1\\1\\1\end{pmatrix}$, der Normalenvektor der $x_1x_2$-Ebene ist $\begin{pmatrix}0\\0\\1\end{pmatrix}$.

Für den Winkel gilt:

$$\cos(\alpha) = \frac{\left|\begin{pmatrix}1\\1\\1\end{pmatrix}\cdot\begin{pmatrix}0\\0\\1\end{pmatrix}\right|}{\left|\begin{pmatrix}1\\1\\1\end{pmatrix}\right|\cdot\left|\begin{pmatrix}0\\0\\1\end{pmatrix}\right|} = \frac{|1\cdot 0+1\cdot 0+1\cdot 1|}{\sqrt{1^2+1^2+1^2}\cdot\sqrt{0^2+0^2+1^2}} = \frac{1}{\sqrt{3}}$$

**f)** Bei der Pyramide BDFE kann man als Grundfläche das rechtwinklige Dreieck BDE nehmen und als Höhe EF. Die einzelnen Längen sind jeweils a.

$$V_{\text{Pyramide}} = \frac{1}{3}\cdot G\cdot h$$

$$G - A_{BED} = \frac{1}{2}\cdot \overline{BE}\cdot \overline{ED} = \frac{1}{2}\cdot a\cdot a = \frac{1}{2}a^2$$

$$h = \overline{EF} = a$$

$$V_{\text{Pyramide}} = \frac{1}{3}\cdot G\cdot h = \frac{1}{3}\cdot\frac{1}{2}\cdot a^2\cdot a = \frac{1}{6}\cdot a^3$$

$$V_{\text{Würfel}} = a\cdot a\cdot a = a^3$$

$\frac{1}{6}\cdot a^3$ ist ein Sechstel von $a^3$. Der gesuchte Anteil ist also $\frac{1}{6}$.

# Musteraufgabe 12

**Impuls**

Gegeben sind:
- die Ebenen  E: $2x_1 + 3x_2 + 4x_3 = 12$
  und F: $\phantom{2x_1 +{}}3x_2 + 4x_3 = 12$
- die Gerade  g: $\vec{x} = \begin{pmatrix} 5 \\ 1 \\ 1 \end{pmatrix} + t \cdot \begin{pmatrix} 0 \\ 4 \\ -3 \end{pmatrix}$
- der Punkt P(4|0|1)

**Mögliche Arbeitsaufträge und Fragestellungen:**

a) Zeigen Sie, dass der Punkt P in der Ebene E liegt.

b) Die Gerade h geht durch den Punkt P und verläuft senkrecht zur Ebene E. Stellen Sie eine Gleichung von h auf.

c) Beschreiben Sie die besondere Lage der Ebene F.

d) Geben Sie die Gleichung einer Ebene H an, deren einziger Spurpunkt S(0|0|5) ist.

e) Untersuchen Sie die gegenseitige Lage der Geraden g und der Ebene E.

f) Die Ebene G steht senkrecht zur Ebene E und die Gerade g liegt in G. Ermitteln Sie eine Gleichung von G.

g) Bestimmen Sie zwei gemeinsame Punkte von E und F.

h) Die Gerade g wird an der Ebene E gespiegelt. Beschreiben Sie ein Verfahren, wie man die Gleichung der Spiegelgeraden g* ermitteln kann.

## Lösungsvorschlag

**Prüfungsinhalte**  Gerade, Ebene, Punktprobe, Spurpunkt, Lagebeziehungen im Raum, Spiegelung

**a)** Man führt eine Punktprobe mit $P(4|0|1)$ in der Ebene E durch:
$2 \cdot 4 + 3 \cdot 0 + 4 \cdot 1 = 12$
Die Gleichung geht auf, denn $12 = 12$.
Der Punkt P liegt also in der Ebene E.

**b)** Als Stützpunkt der Geraden h nimmt man den Punkt P, als Richtungsvektor den Normalenvektor der Ebene E. Damit ist:

$h: \vec{x} = \begin{pmatrix} 4 \\ 0 \\ 1 \end{pmatrix} + t \cdot \begin{pmatrix} 2 \\ 3 \\ 4 \end{pmatrix}$

**c)** In der Gleichung von F kommen nur $x_2$ und $x_3$ vor, nicht aber $x_1$. Die Ebene F verläuft somit parallel zur $x_1$-Achse.

⊞ Die Ebene $F: 3x_2 + 4x_3 = 12$ hat keinen Spurpunkt $S_1$, schneidet die $x_1$-Achse also nicht. Daher muss F parallel zur $x_1$-Achse verlaufen.

**d)** $H: x_3 = 5$

**TIPP** Bei Formulierungen mit „geben Sie an" ist *keine Begründung* erforderlich.
Da die Ebene H nur einen Spurpunkt $S_3$ hat, ist sie parallel zur $x_1x_2$-Ebene.

**e)** Man schreibt die Geradengleichung von g getrennt nach $x_1 = 5$, $x_2 = 1 + 4t$ und $x_3 = 1 - 3t$ auf und setzt diese Terme in die Gleichung von E ein:
$2 \cdot 5 + 3 \cdot (1 + 4t) + 4 \cdot (1 - 3t) = 12$
$10 + 3 + 12t + 4 - 12t = 12$
$\qquad\qquad\quad 17 = 12 \quad$ hat keine Lösung
E und g haben keine gemeinsamen Punkte, also ist g parallel zu E.

**f)** Ein Stützpunkt der Ebene G ist der Stützpunkt $Q(5|1|1)$ von g; als Spannvektoren kann man den Richtungsvektor von g und den Normalenvektor von E nehmen (siehe Skizze).

$G: \vec{x} = \begin{pmatrix} 5 \\ 1 \\ 1 \end{pmatrix} + t \cdot \begin{pmatrix} 0 \\ 4 \\ -3 \end{pmatrix} + s \cdot \begin{pmatrix} 2 \\ 3 \\ 4 \end{pmatrix}$

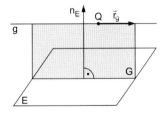

**g)** Beide Ebenengleichungen enthalten den Term $3x_2+4x_3$; setzt man $3x_2+4x_3=12$ (aus Ebene F) in die Gleichung von E ein, ergibt sich $2x_1+12=12$, also $x_1=0$. Die Spurpunkte $S_2(0|4|0)$ und $S_3(0|0|3)$ von F liegen somit wegen $x_1=0$ auch in E. $S_2(0|4|0)$ und $S_3(0|0|3)$ sind also zwei gemeinsame Punkte von E und F.

**h)** Man führt der Reihe nach folgende Schritte durch:

(1) Lotgerade k durch den Stützpunkt $Q(5|1|1)$ der Geraden g aufstellen:

k: $\vec{x} = \overrightarrow{OQ} + s \cdot \vec{n}_E$

(2) Schnittpunkt S von k und E bestimmen.

(3) Q wird an S gespiegelt, Ansatz für den Spiegelpunkt Q*:

$\overrightarrow{OQ^*} = \overrightarrow{OQ} + 2 \cdot \overrightarrow{QS}$

(4) g*: $\vec{x} = \overrightarrow{OQ^*} + s \cdot \vec{r}_g$

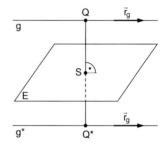

**Baden-Württemberg • Basisfach Mathematik**

Mündliche Abiturprüfung • Teil 2 (Prüfungsgespräch) • Stochastik

## Musteraufgabe 13

**Impuls**

Gegeben ist das Histogramm einer Binomialverteilung für die Zufallsgröße X:

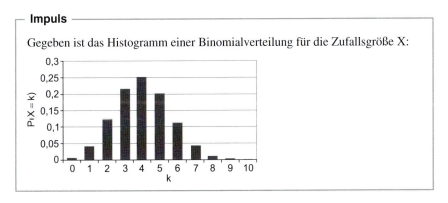

**Mögliche Arbeitsaufträge und Fragestellungen:**

a) Bestimmen Sie die Wahrscheinlichkeit für das Ereignis, dass X den Wert 4 oder den Wert 5 annimmt.

b) Ermitteln Sie die Wahrscheinlichkeit für das Ereignis, dass X weder den Wert 4 noch den Wert 5 annimmt.

c) Geben Sie jene ganze Zahl an, die als Erwartungswert für X infrage kommt. Begründen Sie Ihre Wahl.

d) Bestimmen Sie einen möglichen Wert für die Trefferwahrscheinlichkeit p des zugrunde liegenden Bernoulli-Experimentes. Erläutern Sie Ihre Vorgehensweise.

e) Die Trefferwahrscheinlichkeit sei nun $p=0{,}4$.
Zeigen Sie rechnerisch, dass die Standardabweichung von X kleiner als 2 ist.

f) Geben Sie für $p=0{,}4$ einen Rechenausdruck an, mit dem sich die Wahrscheinlichkeit für das Ereignis $X=1$ berechnen lässt.

g) Erläutern Sie, wie das Histogramm einer Binomialverteilung mit $n=100$ und $p=0{,}4$ im Vergleich zum dargestellten Histogramm aussieht.

# Lösungsvorschlag

**Prüfungsinhalte**  Binomialverteilung, Histogramm, Erwartungswert, Standardabweichung, Formel von Bernoulli

a) Die Wahrscheinlichkeiten für k = 4 und für k = 5 lassen sich am Histogramm ablesen. Sie betragen 0,25 und 0,2. Die gesuchte Wahrscheinlichkeit beträgt also:
$P(X = 4) + P(X = 5) = 0,25 + 0,2 = 0,45$

b) Das hier betrachtete Ereignis ist das Gegenereignis zu dem Ereignis aus Teilaufgabe a. Die Summe der Wahrscheinlichkeiten von Ereignis und Gegenereignis ergibt stets 1. Die gesuchte Wahrscheinlichkeit ist somit $1 - 0,45 = 0,55$.

c) Es kommt nur die ganze Zahl 4 infrage, da bei k = 4 der größte Wert im Histogramm zu finden ist.

**TIPP** Ist der Erwartungswert bei einer Binomialverteilung eine ganze Zahl, so findet man dort den größten Balken im Histogramm.

d) Man kann von der Kettenlänge n = 10 ausgehen, da k im Histogramm die Werte von 0 bis 10 annimmt. Wenn man 4 als Erwartungswert für X wählt (siehe Teilaufgabe c), lässt sich p mit der Formel $E(X) = n \cdot p$ bestimmen:
$4 = 10 \cdot p$
$p = 0,4$

e) Für die Standardabweichung einer Binomialverteilung gilt:
$\sigma = \sqrt{n \cdot p \cdot (1-p)} = \sqrt{10 \cdot 0,4 \cdot (1-0,4)} = \sqrt{10 \cdot 0,4 \cdot 0,6} = \sqrt{2,4} < 2$
Denn: $\sqrt{2,4}$ ist kleiner als $\sqrt{4}$ und $\sqrt{4}$ ist gerade 2.

f) Mit der Formel von Bernoulli gilt für n = 10 und p = 0,4:
$P(X = 1) = \binom{10}{1} \cdot 0,4^1 \cdot 0,6^9 = \frac{10!}{1! \cdot 9!} \cdot 0,4 \cdot 0,6^9$

**g)** Das Maximum des neuen Histogramms liegt beim Erwartungswert $100 \cdot 0{,}4 = 40$, also bei $k = 40$ statt bei $k = 4$. Es fällt geringer aus als das Maximum im dargestellten Histogramm, da sich die Gesamtwahrscheinlichkeit 1 auf die Werte 0 bis 100 für k verteilt statt lediglich auf 0 bis 10. Ebenso wie beim dargestellten Histogramm fallen die Wahrscheinlichkeiten vom Erwartungswert aus in beide Richtungen ab. Relativ zum dargestellten Histogramm erfolgt die Abnahme jedoch schneller. Ein Maß für die Breite des Histogramms ist die Standardabweichung. Es gilt:

$$\sigma = \sqrt{n \cdot p \cdot (1-p)} = \sqrt{n} \cdot \sqrt{p \cdot (1-p)}$$

Da p in beiden Histogrammen gleich ist, unterscheiden sich die Standardabweichungen nur im Faktor $\sqrt{n}$. Die Standardabweichung wächst daher beim Übergang von $n = 10$ auf $n = 100$ um den Faktor $\sqrt{10}$. Beim Übergang von $n = 10$ auf $n = 100$ wächst n hingegen um den Faktor 10, denn $100 = 10 \cdot 10$.

Die Breite des „Wahrscheinlichkeitsbergs" wächst also weniger stark als die Anzahl der auf der k-Achse dargestellten k Werte.

## Musteraufgabe 14

**Impuls**

Eine Schulklasse bietet am Tag der offenen Tür ein Glücksspiel an:
Für 6 € Einsatz darf der Spieler zwei Würfel werfen.
Fällt genau eine Sechs, erhält er seinen Einsatz zurück.
Fallen zwei Sechsen, erhält der Spieler 120 € ausbezahlt.

**Mögliche Arbeitsaufträge und Fragestellungen:**

✓ a) Dem Glücksspiel liegt ein Zufallsexperiment zugrunde.
Skizzieren Sie ein Baumdiagramm für dieses Zufallsexperiment.

✓ b) Ein Spieler spielt das Glücksspiel.
Ermitteln Sie die Wahrscheinlichkeiten für die folgenden Ereignisse:
A: Der Spieler erhält 120 € ausbezahlt.
B: Der Spieler macht Verlust.
C: Der Spieler erhält seinen Einsatz zurück.

✓ c) Ermitteln Sie den zu erwartenden Gewinn der Schulklasse bei 500 Spielen.

✓ d) Erläutern Sie den Begriff „faires Spiel" und geben Sie ein Beispiel für ein faires Spiel an.

✓ e) Das Spiel wird nun 36-mal durchgeführt. Die Zufallsgröße X gibt die Anzahl der Spiele an, bei denen die Schulklasse Gewinn macht.
Entscheiden Sie, welche Wahrscheinlichkeitsverteilung bei X vorliegt, und begründen Sie Ihre Entscheidung.

✓ f) Skizzieren Sie ein Histogramm zur Wahrscheinlichkeitsverteilung von X.
Erläutern Sie Ihre Vorgehensweise.

# Lösungsvorschlag

**Prüfungsinhalte**  Baumdiagramm, Pfadregeln, Erwartungswert, faires Spiel, Binomialverteilung, Histogramm, Standardabweichung

**a)** Baumdiagramm:

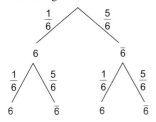

**b)** Mit den Pfadregeln erhält man aus dem Baumdiagramm:

$$P(A) = \underbrace{\frac{1}{6}}_{6} \cdot \underbrace{\frac{1}{6}}_{\overline{6}} = \frac{1}{36}$$

$$P(B) = \underbrace{\frac{5}{6}}_{\overline{6}} \cdot \underbrace{\frac{5}{6}}_{\overline{6}} = \frac{25}{36}$$

$$P(C) = \underbrace{\frac{1}{6}}_{6} \cdot \underbrace{\frac{5}{6}}_{\overline{6}} + \underbrace{\frac{5}{6}}_{\overline{6}} \cdot \underbrace{\frac{1}{6}}_{6} = \frac{5}{36} + \frac{5}{36} = \frac{10}{36}$$

**c)** Man berechnet den Erwartungswert für den Gewinn der Schulklasse in Euro bei einem Spiel.
Mit der Zufallsgröße X: „Gewinn der Schulklasse in Euro bei einem Spiel" und den Wahrscheinlichkeiten aus Teilaufgabe b ergibt sich:

$$E(X) = P(B) \cdot 6 + P(C) \cdot 0 + P(A) \cdot (6-120)$$

$$= \frac{25}{36} \cdot 6 + \frac{10}{36} \cdot 0 + \frac{1}{36} \cdot (-114)$$

$$= \frac{150}{36} + 0 - \frac{114}{36} = \frac{36}{36} = 1$$

Pro Spiel kann die Schulklasse durchschnittlich einen Gewinn von 1 € erwarten.
Bei 500 Spielen beträgt der zu erwartende Gewinn also 500 €.

⊞ *Alternativlösung:* Wenn man den Erwartungswert nur für den Auszahlungsbetrag berechnet, erhält man zunächst:

$$E = \frac{25}{36} \cdot 0 + \frac{10}{36} \cdot 6 + \frac{1}{36} \cdot 120 = 0 + \frac{60}{36} + \frac{120}{36} = \frac{180}{36} = 5$$

Der Spieleinsatz muss dann anschließend noch berücksichtigt werden:
Da die Schulklasse durchschnittlich 5 € pro Spiel auszahlt, aber 6 € Einsatz einnimmt, macht sie pro Spiel 1 € Gewinn. Bei 500 Spielen also 500 € Gewinn.

**d)** Ein faires Spiel ist ein Spiel, bei dem keiner der Teilnehmer auf lange Sicht Gewinn oder Verlust macht.
Ein faires Spiel wäre z. B.: Zwei Spieler werfen eine Münze. Fällt Kopf, muss Spieler A einen Euro an Spieler B bezahlen. Bei Zahl erhält dagegen Spieler A einen Euro von Spieler B.

⊞ Die Bedingung für ein faires Spiel lässt sich auch mathematisch ausdrücken: Wenn die Zufallsgrößen $X_1$ bis $X_n$ die Gewinne der Teilnehmer 1 bis n bei einem Spiel beschreiben, dann ist das Spiel fair, wenn alle n Erwartungswerte $E(X_1)$ bis $E(X_n)$ den Wert null haben.

⊞ Man kann auch das Spiel der Schulklasse fair machen. Eine Möglichkeit wäre, dass die Schulklasse bei zwei Sechsen 156 € an den Spieler auszahlt. Für den Erwartungswert des Gewinns der Schulklasse ergibt sich dann:

$$E = \frac{25}{36} \cdot 6 + \frac{10}{36} \cdot 0 + \frac{1}{36} \cdot (6 - 156) = \frac{150}{36} + 0 - \frac{150}{36} = 0$$

Damit ist das Spiel fair (siehe vorheriges ⊞ ).

**e)** X ist binomialverteilt mit Kettenlänge n = 36 und Trefferwahrscheinlichkeit $p = \frac{25}{36}$ (Schulklasse macht Gewinn, wenn keine Sechs fällt).
Eine Binomialverteilung liegt vor, da jedes einzelne Spiel ein Bernoulli-Experiment ist (mit den zwei möglichen Ergebnissen „Schulklasse macht Gewinn" und „Schulklasse macht keinen Gewinn") und bei jeder Spieldurchführung die Trefferwahrscheinlichkeit p unverändert bleibt.

**f)** Histogramm:

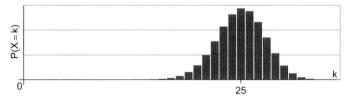

Der Erwartungswert von X beträgt:

$$E(X) = n \cdot p = 36 \cdot \frac{25}{36} = 25$$

Die Standardabweichung ist:
$$\sigma = \sqrt{n \cdot p \cdot (1-p)} = \sqrt{36 \cdot \frac{25}{36} \cdot \frac{11}{36}} = \frac{5}{6} \cdot \sqrt{11} \approx \frac{5}{6} \cdot 3 = 2{,}5$$
Also muss bei k = 25 die maximale Wahrscheinlichkeit im Histogramm zu finden sein. Die Wendepunkte der zugehörigen Glockenkurve liegen im Abstand von etwa 2,5 links und rechts vom Erwartungswert. Damit ergibt sich die ungefähre Breite des „Wahrscheinlichkeitsbergs".

## Musteraufgabe 15

**Impuls**

Ein Glücksrad mit gleich großen Kreissektoren wird einmal gedreht. Die Zufallsvariable X gibt die Zahl an, auf die der Pfeil nach dem Stehenbleiben zeigt.

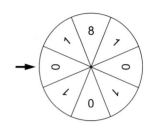

Zudem sind folgende Terme gegeben:

$$P(A) = \binom{10}{2} \cdot \left(\frac{1}{8}\right)^2 \cdot \left(\frac{7}{8}\right)^8 + 10 \cdot \frac{1}{8} \cdot \left(\frac{7}{8}\right)^9 + \left(\frac{7}{8}\right)^{10}$$

$$P(B) = 1 - \left(\frac{7}{8}\right)^{10}$$

**Mögliche Arbeitsaufträge und Fragestellungen:**

a) Ermitteln Sie die Wahrscheinlichkeiten $P(X=1)$ und $P(X>0)$.

b) Berechnen Sie den Erwartungswert der Zufallsvariable X.

c) Bei einem Spiel zahlt ein Spieler 2 € Einsatz und dreht das Rad einmal. Die angezeigte Zahl erhält er in Euro ausbezahlt.
Ermitteln Sie den Erwartungswert für den Gewinn des Spielers und deuten Sie das Ergebnis.

d) Begründen Sie, warum das Spiel aus Teilaufgabe c nicht fair ist.
Geben Sie jenen Einsatz an, bei dem das Spiel fair wäre.

e) Bestimmen Sie – bei einem Einsatz von 2 € – denjenigen Auszahlungsbetrag für die Zahl 8, mit dem das Spiel aus Teilaufgabe c fair wird.
*Hinweis:* Die übrigen Regeln des Spiels bleiben bestehen.

f) Das Glücksrad wird nun zweimal gedreht. Geben Sie einen Term für die Wahrscheinlichkeit des Ereignisses E: „Es erscheint zweimal dieselbe Zahl" an.

g) Beschreiben Sie je ein Ereignis A und B im Sachzusammenhang, deren Wahrscheinlichkeiten mit den gegebenen Termen berechnet werden können.

h) Das Rad wird 64-mal gedreht und es kommt dabei sechsmal die 8.
Jemand behauptet: „Das Rad muss wohl manipuliert sein."
Nehmen Sie Stellung zu dieser Aussage. Begründen Sie Ihre Antwort.

## Lösungsvorschlag

**Prüfungsinhalte**  Wahrscheinlichkeitsverteilung, Erwartungswert, faires Spiel, Formel von Bernoulli, Binomialverteilung, Standardabweichung

**a)** $P(X=1) = \frac{4}{8} = \frac{1}{2}$

$P(X>0) = P(X=1) + P(X=8) = \frac{4}{8} + \frac{1}{8} = \frac{5}{8}$

Verteilung von X:

| 0 | 1 | 8 |
|---|---|---|
| $\frac{3}{8}$ | $\frac{4}{8} = \frac{1}{2}$ | $\frac{1}{8}$ |

➕ *Alternativlösung:*

$P(X>0) = 1 - P(X=0) = 1 - \frac{3}{8} = \frac{5}{8}$

**b)** $E(X) = 0 \cdot \frac{3}{8} + 1 \cdot \frac{1}{2} + 8 \cdot \frac{1}{8} = 0,5 + 1 = 1,5$

**c)** Ermittlung des Erwartungswerts:

| Zahl | 0 | 1 | 8 |
|---|---|---|---|
| Gewinn des Spielers in € | −2 | −1 | 6 |
| Wahrscheinlichkeit | $\frac{3}{8}$ | $\frac{4}{8}$ | $\frac{1}{8}$ |

$E_{\text{Gewinn}} = (-2) \cdot \frac{3}{8} + (-1) \cdot \frac{4}{8} + 6 \cdot \frac{1}{8} = \frac{-6-4+6}{8} = -\frac{4}{8} = -0,5$

Deutung des Erwartungswerts:
Für den Spieler ist ein durchschnittlicher Verlust von 0,50 € pro Spiel zu erwarten.

**d)** Das Spiel ist nicht fair, da der Erwartungswert für den Gewinn des Spielers nicht null ist. Bei einem Einsatz von 1,50 € wäre das Spiel fair.

*Begründung:* Vom ursprünglichen Einsatz von 2 € muss man den zu erwartenden Verlust von 0,50 € abziehen.

**e)** Der Auszahlungsbetrag für die Zahl 8 sei a.

| Zahl | 0 | 1 | 8 |
|---|---|---|---|
| Gewinn des Spielers in € | −2 | −1 | a−2 |
| Wahrscheinlichkeit | $\frac{3}{8}$ | $\frac{4}{8}$ | $\frac{1}{8}$ |

Bedingung: $E_{Gewinn} = 0$

$(-2) \cdot \frac{3}{8} + (-1) \cdot \frac{4}{8} + (a-2) \cdot \frac{1}{8} = 0 \quad | \cdot 8$

$-6 - 4 + a - 2 = 0$

$a - 12 = 0$

$a = 12$

Bei 12 € Auszahlungsbetrag für die Zahl 8 wäre das Spiel fair.

➕ *Alternativlösung:*

Man betrachtet nicht den Gewinn des Spielers, sondern die Auszahlung:

| Zahl | 0 | 1 | 8 |
|---|---|---|---|
| Auszahlung in € | 0 | 1 | a |
| Wahrscheinlichkeit | $\frac{3}{8}$ | $\frac{4}{8}$ | $\frac{1}{8}$ |

Die Bedingung lautet in diesem Fall $E_{Auszahlung} = 2$.

$0 \cdot \frac{3}{8} + 1 \cdot \frac{4}{8} + a \cdot \frac{1}{8} = 2 \quad | \cdot 8$

$4 + a = 16$

$a = 12$

**f)** $P(E) = \underbrace{\frac{3}{8} \cdot \frac{3}{8}}_{0 \quad 0} + \underbrace{\frac{4}{8} \cdot \frac{4}{8}}_{1 \quad 1} + \underbrace{\frac{1}{8} \cdot \frac{1}{8}}_{8 \quad 8}$

**g)** A: Bei zehn Drehungen kommt höchstens zweimal die 8.

*Begründung:*

$\binom{10}{2} \cdot \left(\frac{1}{8}\right)^2 \cdot \left(\frac{7}{8}\right)^8$ steht für genau zweimal die 8, der Term $10 \cdot \frac{1}{8} \cdot \left(\frac{7}{8}\right)^9$ für genau einmal die 8, der Term $\left(\frac{7}{8}\right)^{10}$ für keinmal die 8.

➕ Man kann den Term so schreiben, dass dreimal die Formel von Bernoulli erscheint. Wegen $\binom{10}{1} = 10$ und $\binom{10}{0} = 1$ gilt:

$P(A) = \binom{10}{2} \cdot \left(\frac{1}{8}\right)^2 \cdot \left(\frac{7}{8}\right)^8 + \binom{10}{1} \cdot \left(\frac{1}{8}\right)^1 \cdot \left(\frac{7}{8}\right)^9 + \binom{10}{0} \cdot \left(\frac{1}{8}\right)^0 \cdot \left(\frac{7}{8}\right)^{10}$

B: Bei zehn Drehungen kommt mindestens einmal die 8.

*Begründung:*

$\left(\frac{7}{8}\right)^{10}$ beschreibt die Wahrscheinlichkeit des Ereignisses, dass bei zehnmaligem Drehen kein einziges Mal die 8 erscheint. $1 - \left(\frac{7}{8}\right)^{10}$ steht für das Gegenereignis. Das Gegenereignis von „kein einziges Mal die 8" lautet „mindestens einmal die 8".

**h)** Man definiert die Zufallsgröße Y: „Anzahl der Drehungen, bei denen 8 erscheint".
Y ist binomialverteilt mit Kettenlänge $n = 64$ und Trefferwahrscheinlichkeit $p = \frac{1}{8}$.
Man berechnet den Erwartungswert und die Standardabweichung von Y:

$$\mu = 64 \cdot \frac{1}{8} = 8$$

$$\sigma = \sqrt{64 \cdot \frac{1}{8} \cdot \frac{7}{8}} = \sqrt{64 \cdot \frac{7}{64}} = \sqrt{7}$$

Die Standardabweichung gibt die mittlere Abweichung vom Erwartungswert an.
Ergebnisse, die im Bereich $[8 - \sqrt{7};\ 8 + \sqrt{7}]$ liegen, sind nicht ungewöhnlich.
Da $\sqrt{7}$ eine Zahl zwischen 2 und 3 ist, sind Ergebnisse, die um 2 vom Erwartungswert 8 abweichen, nicht ungewöhnlich, also auch das Ergebnis 6.

Die Behauptung lässt sich somit nicht rechtfertigen. Auch wenn man es nicht mit Sicherheit sagen kann, sollte man eher davon ausgehen, dass das Rad nicht manipuliert wurde.

## Musteraufgabe 16

### Impuls

Die von einer Seifenblasenmaschine erzeugten Seifenblasen platzen nach einiger Zeit, manche früher, manche später. Erfahrungen zeigen, dass die Lebensdauer L einer Seifenblase in Sekunden normalverteilt ist.

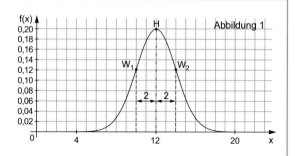

Abbildung 1 zeigt die Glockenkurve der zugehörigen Normalverteilung.

Abbildung 2 zeigt eine Binomialverteilung mit Kettenlänge n = 24.

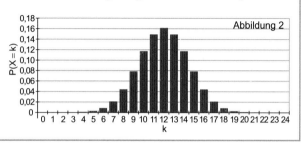

**Mögliche Arbeitsaufträge und Fragestellungen:**

a) In der Abbildung 1 sind die Zahlen 12 und 2 eingetragen. Erläutern Sie deren Bedeutung im Sachzusammenhang.

b) Bestimmen Sie mithilfe der Abbildung 1 die Wahrscheinlichkeit, dass eine zufällig ausgewählte Seifenblase eine Lebensdauer zwischen 10 und 14 Sekunden hat.

c) Geben Sie die Wahrscheinlichkeit an, dass die Lebensdauer einer zufällig ausgewählten Seifenblase nicht zwischen 10 und 14 Sekunden liegt.

d) Jemand behauptet: „Die Wahrscheinlichkeit, dass eine Seifenblase eine Lebensdauer von genau 12 Sekunden hat, beträgt 0,2." Nehmen Sie dazu Stellung.

e) Ermitteln Sie für die in Abbildung 2 dargestellte Verteilung näherungsweise die Wahrscheinlichkeit $P(X \leq 9)$.

f) Begründen Sie, dass die Trefferwahrscheinlichkeit der in Abbildung 2 dargestellten Binomialverteilung p = 0,5 ist, und geben Sie den Erwartungswert an.

g) Vergleichen Sie die Normalverteilung aus Abbildung 1 mit der Binomialverteilung aus Abbildung 2.

## Lösungsvorschlag

**Prüfungsinhalte**  Normalverteilung, Glockenkurve, Wahrscheinlichkeit bei Normalverteilung, Binomialverteilung, Histogramm, Erwartungswert, Standardabweichung

**a)** Die Zahl 12 ist der Erwartungswert von L. Somit beträgt die durchschnittliche Lebensdauer einer Seifenblase 12 Sekunden.
Die Zahl 2 ist die Standardabweichung von L. Im Durchschnitt weicht die Lebensdauer einer Seifenblase also um 2 Sekunden vom Erwartungswert 12 ab.

**b)** Die gesuchte Wahrscheinlichkeit entspricht dem Inhalt der Fläche zwischen der Glockenkurve und der x-Achse im Bereich $10 \leq x \leq 14$. Den Flächeninhalt kann man durch Kästchenzählen ermitteln.

**TIPP** Man kann beim Kästchenzählen wie folgt vorgehen: Zunächst zählt man die vollständigen (und fast vollständigen) Kästchen. Die übrigen Kästchen, die von der Kurve geschnitten werden, zählt man anschließend als halbe Kästchen hinzu.

Man zählt für diese Fläche etwa $28 + 2 + 8 \cdot 0{,}5 = 34$ Kästchen (28 vollständige, 2 fast vollständige und 8 Teilkästchen, die man halb zählt). Jedes Kästchen hat einen Flächeninhalt von $1 \cdot 0{,}02 = 0{,}02$.
Als Wahrscheinlichkeit ergibt sich damit etwa $34 \cdot 0{,}02 = 0{,}68$.

**c)** Die gesuchte Wahrscheinlichkeit ist die Gegenwahrscheinlichkeit zu der in Teilaufgabe b berechneten Wahrscheinlichkeit.
Es ergibt sich: $1 - 0{,}68 = 0{,}32$

*Alternativlösung:* Man kann auch hier mit Kästchenzählen vorgehen; analog zu Teilaufgabe b. Man zählt etwa 16 Kästchen.

**d)** Die Behauptung ist falsch.
*Begründung:* Jede Wahrscheinlichkeit ergibt sich bei einer Normalverteilung als zugehöriger Flächeninhalt zwischen der Glockenkurve und der x-Achse.
Eine Lebensdauer von exakt 12 Sekunden entspricht jener vertikalen Strecke, die die Stelle 12 auf der x-Achse mit dem Hochpunkt H verbindet. Man kann diese Strecke als Sonderfall eines Rechtecks mit Höhe 12 und Breite 0 betrachten. Der Flächeninhalt beträgt somit null ($0 \cdot 12 = 0$).
Die Wahrscheinlichkeit für eine Lebensdauer von exakt 12 Sekunden ist demnach null.

**TIPP** Bei einer Normalverteilung sind die y-Werte der Glockenkurve *keine* Wahrscheinlichkeiten.

**e)** $P(X \leq 9)$ entspricht der folgenden Summe von Wahrscheinlichkeiten:
$P(X \leq 9) = P(X=0) + P(X=1) + P(X=2) + P(X=3) + P(X=4) + P(X=5)$
$\quad + P(X=6) + P(X=7) + P(X=8) + P(X=9)$

Die einzelnen Wahrscheinlichkeiten liest man als Balkenhöhen im Histogramm ab. Bis $P(X=4)$ sind die Wahrscheinlichkeiten vernachlässigbar klein. $P(X=5)$ und $P(X=6)$ ergeben zusammen etwa 0,01 und $P(X=7)$ beträgt etwa 0,02.
Die Summe $P(X=8) + P(X=9)$ beträgt etwa $0,04 + 0,08 = 0,12$.
Insgesamt ergibt sich näherungsweise eine Wahrscheinlichkeit von:
$P(X \leq 9) \approx 0,01 + 0,02 + 0,12 = 0,15$

**f)** Die Balken des Histogramms sind achsensymmetrisch zu $k=12$. Ein achsensymmetrisches Histogramm ergibt sich aber nur für $p=0,5$.
Der Erwartungswert lässt sich in diesem Fall als k-Wert beim Maximum ablesen und beträgt hier 12.

> **TIPP** Das Histogramm einer Binomialverteilung ist nur dann achsensymmetrisch (zu $k=\mu$), wenn die Trefferwahrscheinlichkeit $p=0,5$ beträgt.

**g)** Die Normalverteilung ist eine stetige Verteilung. Das bedeutet, dass die Werte, die L annehmen kann, beliebige reelle Zahlen der x-Achse sein können.
Die Binomialverteilung ist hingegen eine diskrete Verteilung. Damit können die Werte, die X annehmen kann, nur ganze Zahlen zwischen 0 und 24 sein.

Die Darstellung der Normalverteilung ergibt eine Glockenkurve, die Binomialverteilung wird hingegen als Histogramm dargestellt. Bei der Normalverteilung werden Wahrscheinlichkeiten durch Flächeninhalte dargestellt, bei der Binomialverteilung sind es die Balkenhöhen.

Eine Gemeinsamkeit beider Wahrscheinlichkeitsverteilungen ist der Erwartungswert 12, zu dem die Verteilungen jeweils symmetrisch sind. Unterschiedlich sind hingegen die Standardabweichungen. Bei der Normalverteilung beträgt diese 2.
Für die Binomialverteilung ergibt sich:
$\sigma = \sqrt{n \cdot p \cdot (1-p)} = \sqrt{24 \cdot 0,5 \cdot 0,5} = \sqrt{6} > \sqrt{4} = 2$
Also ein etwas größerer Wert.